TOUS EN CUISINE !

120 RECETTES À PARTAGER

Plats du soir light

SOLAR
EDITIONS

SOMMAIRE

SOUPE DE LENTILLES AU JAMBON CRU

POUR 4 PERSONNES • PRÉPARATION : 25 MIN • CUISSON : 35 MIN

150 g de lentilles vertes + 2 carottes + 1 oignon + 40 g de noisettes + 1 feuille de laurier
1 branche de thym + 2 cuil. à soupe d'huile d'olive + 50 g de jambon cru dégraissé
5 brins de persil plat + Sel, poivre

❐ Versez 1 litre d'eau dans une cocotte. Ajoutez les lentilles vertes, du poivre, le thym et le laurier. Couvrez, laissez mijoter 15 minutes à partir de l'ébullition.

❐ Pelez et lavez les carottes et l'oignon. Coupez-les en dés, ajoutez-les dans la cocotte. Couvrez et faites cuire 20 minutes.

❐ Faites dorer les noisettes 3 minutes dans une poêle antiadhésive, laissez tiédir, puis hachez-les grossièrement. Émincez finement le jambon, faites-le griller quelques instants dans une poêle très chaude, sans matière grasse. Rincez et effeuillez le persil, puis hachez-le.

❐ Mixez la soupe après avoir retiré le thym et le laurier. Ajoutez du sel, le jambon et l'huile d'olive. Répartissez dans 4 assiettes, saupoudrez de noisettes et de persil haché, et servez bien chaud.

PRINTANIÈRE DE LÉGUMES

POUR 4 PERSONNES • PRÉPARATION : 10 MIN • CUISSON : 25 MIN

250 g de pommes de terre + 2 carottes nouvelles + 2 navets nouveaux
2 oignons nouveaux + 60 cl de bouillon de légumes + 90 g de petits pois
12 pointes d'asperges vertes + 1 petit bol de pousses de salade ou d'oseille rouge
1 cuil. à soupe d'huile d'olive + Sel, poivre

❒ Lavez les légumes. Coupez les pommes de terre en dés, les carottes en rondelles et les navets nouveaux en quartiers. Émincez les oignons nouveaux et coupez les pointes d'asperges en tronçons.

❒ Dans une casserole, versez l'huile et faites revenir les oignons, les pommes de terre, les carottes et les navets à feu moyen durant 5 minutes, en remuant régulièrement.

❒ Ajoutez le bouillon et faites cuire à couvert durant 12 minutes.

❒ Ajoutez les petits pois et les asperges, salez et poivrez et poursuivez la cuisson 8 minutes de plus.

❒ Versez dans des bols, parsemez les pousses de salade et servez aussitôt.

Vous pouvez parfumer le bouillon en ajoutant des herbes de Provence fraîches, du thym ou de l'origan.

VELOUTÉ DE COURGETTES À LA MENTHE

POUR 4 PERSONNES • PRÉPARATION : 15 MIN • CUISSON : 25 MIN

4 courgettes + 2 carottes + 2 tiges de menthe + 4 brins de persil plat
1 morceau de gingembre (2 cm) + 2 portions de fromage type La Vache qui rit®
Sel, poivre

❐ Lavez les courgettes, coupez-les en dés en éliminant les graines si besoin. Pelez et lavez les carottes, coupez-les en rondelles. Pelez et rincez le gingembre. Lavez la menthe et le persil, effeuillez-les.

❐ Portez à ébullition 1 litre d'eau salée et légèrement poivrée. Ajoutez le gingembre, les courgettes et les carottes découpées, ainsi que la menthe et le persil. Couvrez et faites cuire 25 minutes à feu moyen.

❐ Retirez le gingembre, ajoutez le fromage fondu et mixez la soupe. Rectifiez l'assaisonnement et servez aussitôt.

BOUILLON MINESTRO

POUR 4 PERSONNES • PRÉPARATION : 20 MIN • CUISSON : 20 MIN

100 g de mini-pâtes + 80 g de haricots verts + 80 g de haricots blancs + 1 carotte
1 céleri branche + 2 brins de basilic + 1 gousse d'ail + 1 oignon + 1 bouquet garni
Sel, poivre

❒ Épluchez la carotte et coupez-la en petits dés. Portez 2 litres d'eau à ébullition avec l'ail et l'oignon pelés et le bouquet garni. Salez et poivrez. Ajoutez la carotte et les haricots blancs dans l'eau. Laissez cuire 10 minutes.

❒ Lavez et émincez la branche de céleri. Coupez les haricots verts en petits tronçons. Ajoutez-les dans la casserole avec les pâtes et prolongez la cuisson de 10 minutes.

❒ Versez dans des bols et ajoutez le basilic ciselé.

Vous pouvez faire le mélange de légumes que vous souhaitez. Ce bouillon est une valeur sûre avec des pâtes, des herbes et même des épices.

BOUILLON DE POULET À LA VERVEINE CITRONNELLE

POUR 4 PERSONNES • PRÉPARATION : 20 MIN • CUISSON : 20 MIN

1 blanc de poulet + 2 carottes + 1 courgette + 1 brin de verveine citronnelle
1 tige d'oignon nouveau + 1 feuille de laurier + 1 cuil. à café d'huile de sésame
le jus de ½ citron + Sel, poivre

❒ Lavez la tige d'oignon nouveau. Portez à ébullition 1 litre d'eau salée et légèrement poivrée. Ajoutez la verveine citronnelle, la tige d'oignon nouveau et le laurier. Laissez mijoter à feu doux pendant la préparation des autres ingrédients.

❒ Pelez et lavez les carottes. Lavez la courgette. Coupez-les en brunoise fine (très petits dés). Émincez finement le blanc de poulet.

❒ Ajoutez les légumes et le poulet dans le bouillon. Couvrez et laissez mijoter pendant 20 minutes. Retirez les tiges d'oignon et de verveine citronnelle, ainsi que le laurier. Ajoutez 2 cuillerées à soupe de jus de citron, l'huile de sésame et rectifiez l'assaisonnement. Servez chaud.

SOUPE FROIDE DE QUINOA 3 COULEURS ET CHOU KALE

POUR 4 PERSONNES • PRÉPARATION : 15 MIN • CUISSON : 15 MIN
RÉFRIGÉRATION : 30 MIN

100 g de quinoa 3 couleurs + 3 branches de chou kale + 100 g de brocoli
1 oignon + 1 gousse d'ail + 1 cuil. à soupe d'huile de noix
1 poignée de graines germées + Sel, poivre

❐ Rincez à l'eau claire le quinoa, puis faites-le cuire dans une casserole d'eau bouillante salée pendant 15 minutes. Égouttez et réservez.

❐ Dans une autre casserole faites bouillir 50 cl d'eau, puis ajoutez le brocoli et le chou kale, la gousse d'ail et l'oignon épluché et coupé en morceaux et faites cuire pendant 15 minutes.

❐ Mixez à l'aide d'un mixeur plongeant et laissez refroidir 30 minutes au frais.

❐ Au moment de servir, ajoutez le quinoa, l'huile de noix et les graines germées. Salez et poivrez.

SOUPE DE POTIMARRON AU CURCUMA

POUR 4 PERSONNES • PRÉPARATION : 20 MIN • CUISSON : 25 MIN

1 potimarron + 1 carotte + 1 cuil. à soupe d'huile d'olive
1 cuil. à café de curcuma + 3-4 feuilles de romarin + Sel, poivre

❒ Pelez et rincez le potimarron, coupez-le en petits morceaux et éliminez les graines. Pelez, lavez et coupez la carotte en rondelles.

❒ Portez à ébullition 1 litre d'eau salée et légèrement poivrée. Ajoutez le curcuma, le romarin et les légumes découpés. Couvrez et laissez mijoter pendant 25 minutes.

❒ Retirez le romarin, mixez le potage. Ajoutez l'huile d'olive, rectifiez l'assaisonnement et servez aussitôt.

SALMOREJO

POUR 4 PERSONNES • PRÉPARATION : 8 MIN • CUISSON : 11 MIN

1 kg de tomates + 80 g de pain + 2 œufs + 100 g de jambon cru sec + 1 gousse d'ail
3 cuil. à soupe de vinaigre + 3 cuil. à soupe d'huile d'olive
2 brins de persil (facultatif) + Sel, poivre

❒ Faites cuire les œufs 11 minutes dans une casserole d'eau bouillante, puis retirez la coquille.

❒ Lavez les tomates. Mixez à l'aide d'un blender ou d'un mixeur plongeant les tomates, le pain, l'ail épluché, le vinaigre et l'huile avec du sel et du poivre.

❒ Coupez les œufs et le jambon en petits morceaux au couteau.

❒ Servez 4 bols de soupe en répartissant dessus les œufs et le jambon. Parsemez de persil fraîchement ciselé.

SOUPE DE CREVETTES AU CURRY

POUR 4 PERSONNES • PRÉPARATION : 5 MIN • CUISSON : 10 MIN

400 g de crevettes cuites et décortiquées + 2 cuil. à soupe bombées de pâte de curry
400 g de nouilles déshydratées + 1 oignon blanc + 1 gousse d'ail
¼ de botte de ciboulette + 1 cuil. à soupe rase de poudre de bouillon de légumes
1 pincée de piment en poudre + 1 filet d'huile d'olive + Sel

❒ Épluchez, hachez et faites revenir l'ail et l'oignon pendant 3 minutes dans une casserole avec l'huile d'olive.

❒ Ajoutez les crevettes, le curry et prolongez la cuisson de 3 minutes.

❒ Ajoutez les nouilles déshydratées, 1,5 litre d'eau bouillante et le bouillon de légumes. Faites mijoter 4 minutes en mélangeant.

❒ Salez et parsemez de piment et de ciboulette fraîchement ciselée.

BOUILLON DE POULE AUX VERMICELLES

POUR 4 PERSONNES • PRÉPARATION : 5 MIN • CUISSON : 6 MIN

400 g de blancs de poulet + 150 g de vermicelles de blé + 1 oignon blanc
1 gousse d'ail + 1 cuil. à soupe bombée de poudre de bouillon de légumes
⅓ de botte d'estragon + ⅓ de botte de cerfeuil + ⅓ de botte de persil
1 filet d'huile d'olive + Sel, poivre

- Coupez le poulet en morceaux.
- Épluchez l'ail et l'oignon. Émincez l'oignon et hachez l'ail.
- Faites revenir le poulet et l'oignon 3 minutes dans une casserole avec l'huile d'olive.
- Ajoutez 1,2 litre d'eau, l'ail, les vermicelles et le bouillon en poudre, puis prolongez la cuisson de 3 minutes. Salez, poivrez et ajoutez les herbes préalablement ciselées.

SOUPE DE POTIRON À LA SEMOULE DE MAÏS

POUR 4 PERSONNES • PRÉPARATION : 20 MIN • CUISSON : 25 MIN

500 g de potiron + 1 courgette + 2 cuil. à soupe de polenta
1 verre de lait de riz + 1 branche de thym + 1 pincée de cannelle + Sel, poivre

❒ Pelez le potiron et éliminez les graines, rincez-le et coupez-le en dés. Lavez la courgette et coupez-la en dés.

❒ Portez à ébullition 75 cl d'eau salée et légèrement poivrée. Ajoutez le lait de riz, les légumes découpés, le thym et la cannelle. Couvrez et laissez mijoter 20 minutes. Ajoutez la polenta, laissez cuire 5 minutes en remuant.

❒ Retirez la branche de thym, mixez, rectifiez l'assaisonnement et servez aussitôt.

SOUPE DE BLETTES AUX HARICOTS BLANCS

POUR 6 PERSONNES • PRÉPARATION : 15 MIN • CUISSON : 20 MIN

1 botte de blettes + 100 g de haricots blancs en conserve + 1 oignon jaune
1 feuille de laurier + 1 branche de thym + 1 filet d'huile d'olive

❒ Lavez les blettes et coupez-les en morceaux. Ciselez quelques feuilles et réservez-les pour décorer la soupe. Pelez et coupez l'oignon.

❒ Dans le faitout, faites chauffer l'huile et faites revenir herbes, blettes et oignon pendant 5 minutes. Puis versez 1 litre d'eau et laissez cuire pendant 15 minutes.

❒ Mixez la soupe avec un mixeur plongeant et ajoutez les haricots blancs égouttés et rincés ainsi que les feuilles de blettes réservées. Servez bien chaud.

GASPACHO À LA BETTERAVE

POUR 4 PERSONNES • PRÉPARATION : 10 MIN

200 g de betterave cuite coupée en gros cubes + 400 g de tomates
120 g de concombre + 2 cuil. à soupe d'huile d'olive + 2 cuil. à café de vinaigre balsamique
2 cuil. à soupe de pistaches hachées + Sel, poivre

❒ Lavez puis coupez 30 g de concombre en tout petits cubes, réservez-les, et hachez le reste grossièrement.

❒ Versez le concombre haché dans un blender avec la betterave, les tomates préalablement lavées, l'huile et le vinaigre, salez et poivrez à votre goût et mixez le tout finement. Si le gaspacho est trop épais, vous pouvez ajouter 2 à 3 cuillerées à soupe d'eau et mixer de nouveau.

❒ Servez dans des bols ou des assiettes creuses et répartissez par-dessus les cubes de concombre réservés et les pistaches hachées.

N'hésitez pas à utiliser d'autres sortes de betteraves, des crapaudines par exemple, pour une saveur renouvelée.

SOUPE DE CAROTTES ET LENTILLES CORAIL

POUR 4 PERSONNES • PRÉPARATION : 5 MIN • CUISSON : 15 MIN

1 kg de carottes + 100 g de lentilles corail + 20 cl de lait de coco
1 cuil. à soupe rase de poudre de gingembre + ⅓ de botte de ciboulette
1 poignée d'amandes effilées + Sel, poivre

❐ Épluchez et émincez les carottes. Rincez les lentilles.

❐ Versez dans une casserole les carottes, les lentilles, le lait de coco, 2 litres d'eau bouillante et le gingembre.

❐ Faites mijoter le tout pendant 15 minutes. Salez, poivrez et mixez. Ajoutez un peu d'eau si nécessaire.

❐ Parsemez au dernier moment d'amandes effilées et de ciboulette fraîchement ciselée.

Ne salez pas l'eau de cuisson des lentilles, cela les empêcherait de cuire.

BOUILLON ÉPINARDS, QUINOA ET ŒUF MOLLET

POUR 6 PERSONNES • PRÉPARATION : 15 MIN • CUISSON : 13 MIN

150 g de jeunes pousses d'épinards + 180 g de quinoa + 3 œufs
2 cuil. à soupe de sauce soja + 1 gousse d'ail + 1 oignon rouge + Sel, poivre

❒ Rincez le quinoa et faites-le cuire dans deux fois son volume d'eau pendant 13 minutes, à couvert, avec la gousse d'ail pelée, l'oignon pelé et émincé et la sauce soja. Ajoutez les feuilles d'épinards juste avant la fin. Salez et poivrez.

❒ Faites cuire les œufs dans de l'eau bouillante salée pendant 6 minutes. Passez-les sous l'eau froide et écalez-les délicatement.

❒ Servez le bouillon dans des bols et ajoutez ½ œuf mollet par bol.

SOUPE DE LÉGUMES, QUINOA ET VEAU

POUR 1 PERSONNE • PRÉPARATION : 15 MIN • CUISSON : 20 MIN

50 g de chou kale + 80 g de potiron + 1 navet + 1 carotte
40 g de kasha + 80 g de veau + 40 g de quinoa
1 cuil. à café d'huile d'olive + Sel, poivre

- Lavez le chou kale, élimez la nervure centrale et coupez le reste en fines lanières avec un gros couteau.
- Pelez la carotte et coupez-la en rondelles. Pelez le potiron et coupez-le en petits cubes. Pelez le navet et coupez-le en cubes. Coupez le veau en petits morceaux.
- Dans une casserole, versez l'huile d'olive et faites légèrement dorer les morceaux de veau. Salez, poivrez, ajoutez les légumes, le quinoa et couvrez d'eau. Faites cuire 15 minutes.
- Dégustez saupoudré de kasha.

SOUPE AUX DEUX CHOUX ET PARMESAN

POUR 4 PERSONNES • PRÉPARATION : 20 MIN • CUISSON : 25 MIN

200 g de fleurettes de brocoli + 200 g de fleurettes de chou-fleur
2 belles pommes de terre + 2 carottes + 1 pincée de cumin en poudre
4 cuil. à soupe de germes de blé + 4 cuil. à soupe de parmesan
2 cuil. à soupe de graines de courge + Sel, poivre

- Portez à ébullition 1 litre d'eau salée et poivrée. Pelez et lavez les pommes de terre et les carottes. Coupez-les en dés. Jetez les carottes, les pommes de terre, le brocoli et le chou-fleur dans l'eau bouillante. Ajoutez le cumin, couvrez et laissez mijoter 20 minutes. Mixez le potage, rectifiez l'assaisonnement et réservez au chaud.

- Faites dorer les graines de courge 3 minutes dans une poêle sans matière grasse. Répartissez la soupe dans 4 bols, saupoudrez de germes de blé, de parmesan et décorez avec des graines de courge toastées. Dégustez aussitôt.

SOUPE COMPLÈTE AUX HARICOTS NOIRS

POUR 1 PERSONNE • PRÉPARATION : 10 MIN
TREMPAGE : 1 NUIT • CUISSON : 2 H

50 g de haricots noirs secs + 1 tomate + 2 tranches de jambon blanc
1 poignée de jeunes pousses d'épinards + 1 échalote
1 cube de bouillon de légumes + 1 pincée de cumin en poudre + Poivre

❒ Placez les haricots noirs dans un grand bol avec de l'eau et laissez tremper 1 nuit au réfrigérateur.

❒ Égouttez-les, puis faites-les cuire 2 heures dans de l'eau avec le bouillon de légumes, l'échalote hachée et le cumin.

❒ Lavez et coupez la tomate en dés, ajoutez-les 5 minutes avant la fin de la cuisson, avec les jeunes pousses d'épinards lavées et le jambon blanc coupé en petits morceaux. Donnez un tour de moulin à poivre et servez.

SALADE DE SEMOULE, TOMATE ET THON AU PERSIL PLAT

POUR 4 PERSONNES • PRÉPARATION : 25 MIN • REPOS : 10 MIN • CUISSON : 5 MIN

150 g de semoule de riz ou de maïs + 3 tomates
150 g de thon au naturel + ½ bouquet de persil plat + 2 cuil. à soupe d'huile d'olive
le jus de 1 citron + 1 pincée de graines de coriandre
1 pincée de graines de fenouil + Sel, poivre

❒ Mélangez dans un bol l'huile d'olive, 3 cuillerées à soupe de jus de citron, du sel, du poivre, les graines de coriandre et de fenouil.

❒ Versez la semoule dans un bol. Ajoutez le même volume d'eau bouillante salée, couvrez et laissez reposer 10 minutes. Égrenez la semoule à l'aide d'une fourchette et versez-la dans un saladier.

❒ Portez à ébullition de l'eau dans une casserole. Plongez-y les tomates et laissez-les cuire 3 minutes. Égouttez-les, laissez-les refroidir. Ôtez la peau. Coupez la chair en dés, en éliminant les graines. Ajoutez les dés de tomates dans le saladier.

❒ Rincez et épongez le persil. Éliminez les tiges et hachez les feuilles. Égouttez le thon, émiettez-le. Ajoutez le thon, le persil et la sauce dans le saladier. Mélangez délicatement avant de servir.

SALADE DE LENTILLES CORAIL, TOMATE, HOUMOUS, ŒUF POCHÉ AU THÉ NOIR

POUR 6 PERSONNES • PRÉPARATION : 20 MIN • CUISSON : 12 MIN

300 g de lentilles corail + 6 tomates + 6 œufs + 2 cuil. à café de thé noir
1 cuil. à soupe de vinaigre blanc + Sel, poivre
Pour le houmous : 350 g de pois chiches cuits ou en conserve
1 cuil. à soupe de fromage blanc + le jus de ½ citron + 4 brins de coriandre
½ cuil. à café de cumin + Sel, poivre

❒ Préparez le houmous : mixez les pois chiches avec le jus de citron, le fromage blanc, la coriandre fraîche lavée et ciselée et le cumin. Salez et poivrez.

❒ Versez les lentilles dans de l'eau non salée, portez à ébullition et laissez cuire à feu doux et à couvert pendant 10 minutes. Rincez-les à l'eau froide.

❒ Lavez puis coupez les tomates en morceaux.

❒ Portez 1 litre d'eau à ébullition avec le thé noir. Ajoutez le vinaigre. Baissez le feu pour que l'eau frémisse. Cassez les œufs séparément dans des bols, puis ajoutez 1 œuf dans l'eau. Laissez cuire 2 minutes en tournant l'eau avec une cuillère en bois. Récupérez l'œuf avec une grande cuillère et réservez-le. Renouvelez l'opération avec les autres œufs.

❒ Servez dans chaque assiette les lentilles avec les tomates, du houmous et 1 œuf poché. Salez, poivrez.

SALADE DE ROQUETTE, MOZZARELLA, FIGUE ET JAMBON DE PARME

POUR 4 PERSONNES • PRÉPARATION : 10 MIN

4 petites poignées de roquette + 250 g de mozzarella + 4 figues
4 tranches de jambon de Parme + ½ oignon rouge + ⅓ de botte de persil
2 cuil. à soupe de vinaigre de xérès + 1 filet d'huile d'olive + Sel, poivre

❒ Épluchez l'oignon. Hachez l'oignon et le persil.

❒ Taillez la mozzarella et les figues préalablement lavées en tranches.

❒ Mélangez la roquette, la mozzarella, les figues, le jambon, l'oignon et le persil.

❒ Salez, poivrez et arrosez de vinaigre et d'huile d'olive.

Hors saison, utilisez des figues séchées que vous taillerez en petits morceaux.

SALADE DE CHOU ROUGE, CAROTTE ET QUINOA

POUR 1 PERSONNE • PRÉPARATION : 10 MIN • CUISSON : 7 MIN • REPOS : 5 MIN

80 g de chou rouge + 1 carotte + 40 g de quinoa + 30 g de feta + 1 brin de persil
1 cuil. à soupe d'huile d'olive + 1 cuil. à café de vinaigre de vin + Sel, poivre

❒ Rincez le quinoa et faites-le cuire dans une fois et demie son volume d'eau bouillante salée pendant 7 minutes. Retirez du feu, couvrez et laissez gonfler le quinoa 5 minutes, puis versez-le dans un saladier pour qu'il refroidisse.

❒ Pendant ce temps, rincez et hachez le chou rouge très finement, vous pouvez le faire au robot si vous en avez un. Pelez et râpez la carotte. Rincez le persil et hachez-le.

❒ Dans un bol, mélangez l'huile d'olive et le vinaigre, salez et poivrez. Ajoutez les autres ingrédients, mélangez et saupoudrez de feta émiettée.

SALADE DE TOFU, TOMATES ET ÉPINARDS

POUR 2 PERSONNES • PRÉPARATION : 10 MIN • CUISSON : 15 MIN
RÉFRIGÉRATION : 30 MIN

100 g de tofu + 10 tomates cerises + 200 g de pousses d'épinards
30 g de quinoa blanc + 1 morceau de gingembre (2 cm)
½ bouquet de coriandre + 1 gousse d'ail + 1 cuil. à soupe de sauce soja
1 cuil. à soupe d'huile de sésame + Sel, poivre

❒ Préparez la marinade pour le tofu. Pelez et râpez le gingembre. Lavez et ciselez la coriandre. Pelez et hachez la gousse d'ail. Lavez les tomates cerises et coupez-les en deux. Lavez et essorez les pousses d'épinards. Coupez le tofu en cubes.

❒ Dans un bol, mélangez le gingembre, l'ail, la coriandre, la sauce soja et l'huile, puis mettez le tofu dans cette marinade, salez et poivrez et placez au frais pour 30 minutes.

❒ Pendant ce temps, rincez le quinoa sous l'eau claire, puis faites-le cuire dans une casserole d'eau bouillante en suivant les indications sur le paquet.

❒ Disposez dans un grand bol les pousses d'épinards, le quinoa, les tomates cerises et le tofu mariné.

SALADE DE CHOU ET RADIS AUX PIGNONS

POUR 4 PERSONNES • PRÉPARATION : 20 MIN • CUISSON : 15 MIN

3 cuil. à soupe de boulgour + 1 chou kale (ou ¼ de chou blanc) + 15 radis rouges
30 g de raisins secs blonds + 30 g de pignons + 15 g de graines de tournesol
2 cuil. à soupe d'huile d'olive + 2 cuil. à soupe de vinaigre de noix + Sel, poivre

❒ Faites cuire le boulgour pendant 15 minutes à l'eau bouillante salée, puis égouttez-le. Rincez le chou kale et émincez ses feuilles. Lavez les radis, éliminez les fanes et les radicelles, puis coupez-les en rondelles.

❒ Faites dorer 3 minutes dans une poêle, sans matière grasse, les graines de tournesol et les pignons. Laissez tiédir.

❒ Mélangez le chou émincé, les radis, le boulgour, les raisins, les graines toastées, l'huile et le vinaigre. Salez et poivrez. Servez aussitôt.

SALADE DE CREVETTES

POUR 4 PERSONNES • PRÉPARATION : 5 MIN

400 g de crevettes cuites et décortiquées + 4 endives + 1 citron vert
1 botte de basilic + ½ oignon rouge + 1 petit morceau de piment
1 filet d'huile d'olive + Sel

❒ Épluchez et hachez l'oignon.
Lavez puis émincez les endives. Hachez le piment et le basilic préalablement lavés.

❒ Mélangez les crevettes, les endives, le piment et le basilic.

❒ Râpez et pressez le citron sur le tout.

❒ Salez et arrosez d'huile d'olive.

Agrémentez la salade de sauce nuoc-mâm.

SALADE DE TAGLIATELLES DE POTIMARRON, NOIX DE CAJOU, ROQUETTE, BETTERAVE

POUR 1 PERSONNE • PRÉPARATION : 15 MIN • CUISSON : 10 MIN

200 g de potimarron + 1 cuil. à soupe de noix de cajou non salées
1 poignée de roquette + 1 petite betterave cuite + 100 g de tofu au basilic
2 cuil. à café d'huile d'olive + 1 cuil. à café de vinaigre de framboise (ou autre)
Sel, poivre

❐ Préchauffez le four à 180 °C (th. 6).

❐ Dans un bol, réalisez la vinaigrette en mélangeant le vinaigre et l'huile d'olive, salez et poivrez.

❐ Lavez le morceau de potimarron, enlevez les pépins et, avec un économe, coupez-le en tagliatelles (ou en fines tranches). Étalez-les sur une plaque allant au four et faites cuire 10 minutes.

❐ Râpez la betterave. Lavez, triez et séchez la roquette, puis mélangez-la avec la vinaigrette.

❐ Dans une assiette, disposez la mâche, la betterave râpée et les tagliatelles de potimarron. Ajoutez le tofu au basilic coupé en petits morceaux et les noix de cajou hachées.

SALADE DE PÂTES COMPLÈTES, FÈVES ET SAUMON

POUR 4 PERSONNES • PRÉPARATION : 25 MIN • CUISSON : 30 MIN

200 g de farfalle au blé complet + 2 pavés de saumon + 200 g de fèves
1 petit concombre + 1 oignon nouveau + 4 tomates séchées
1 cuil. à soupe de câpres + 2 cuil. à soupe d'huile d'olive
2 cuil. à soupe de vinaigre balsamique blanc + Sel, poivre

❒ Faites cuire les farfalle 10 minutes environ à l'eau bouillante salée (suivez les indications sur le paquet). Rincez les pâtes sous l'eau froide, puis égouttez-les. Mettez-les dans un saladier, ajoutez l'huile d'olive, remuez et laissez refroidir.

❒ Faites cuire les pavés de saumon pendant 10 minutes à la vapeur. Laissez tiédir, puis émiettez-les grossièrement. Salez et poivrez. Faites cuire les fèves 10 minutes à l'eau bouillante. Égouttez-les et éliminez la pellicule qui les entoure.

❒ Rincez le concombre, émincez-le finement sans l'éplucher. Rincez et hachez l'oignon. Coupez les tomates séchées en petits morceaux.

❒ Ajoutez aux pâtes les fèves, l'oignon haché, le saumon, le concombre, les tomates séchées, les câpres et le vinaigre balsamique blanc. Rectifiez l'assaisonnement avant de servir.

SALADE DE FENOUIL, BALSAMIQUE BLANC

POUR 4 PERSONNES • PRÉPARATION : 20 MIN • CUISSON : 5 MIN

4 bulbes de fenouil + 100 g de thon au naturel + 1 poignée de mâche
2 cuil. à soupe d'huile d'olive + 2 cuil. à soupe de vinaigre balsamique blanc
1 pincée de graines de cumin + Sel, poivre

❒ Rincez les fenouils. Éliminez les côtes extérieures trop fibreuses, pour ne garder que la partie centrale, plus tendre. Émincez finement les bulbes dans le sens de la hauteur. Faites-les cuire 5 minutes à la vapeur. Égouttez-les et disposez-les sur 4 assiettes. Laissez tiédir, puis assaisonnez d'huile d'olive, de vinaigre balsamique et de graines de cumin. Salez et poivrez.

❒ Rincez et essorez la mâche. Éliminez la base des bouquets. Égouttez le thon, émiettez-le. Ajoutez quelques feuilles de mâche et un peu de thon sur les fenouils avant de servir.

SALADE DE LÉGUMES GRILLÉS

POUR 4 PERSONNES • PRÉPARATION : 5 MIN • CUISSON : 3 MIN

3 courgettes + 1 poivron + 3 tomates + 100 g d'artichauts marinés
100 g de viande des Grisons + 3 branches de cive + 4 cuil. à soupe de vinaigre de xérès
1 filet d'huile d'olive + Sel, poivre

❒ Préchauffez le four en fonction gril.

❒ Lavez les légumes. Videz le poivron. À l'aide d'un robot de cuisine, émincez les courgettes, le poivron, la cive, les tomates et les artichauts.

❒ Disposez les légumes sur une plaque de four, arrosez d'huile d'olive et faites-les griller pendant 3 minutes.

❒ Mélangez le tout avec la viande des Grisons. Arrosez de vinaigre, salez et poivrez.

Agrémentez d'herbes aromatiques comme du thym citron ou de la marjolaine fraîche pour relever le tout.

SALADE DE BROCOLI ET CONCOMBRE

POUR 1 PERSONNE • PRÉPARATION : 10 MIN • CUISSON : 10 MIN

3 fleurettes de brocoli + ½ concombre + 50 g de boulgour + 50 g de petits pois
1 oignon nouveau + Quelques feuilles de coriandre ou de persil
2 cuil. à soupe de jus de citron + 1 cuil. à café de moutarde
1 cuil. à soupe d'huile d'olive + Sel, poivre

❒ Lavez les légumes et les herbes. Faites cuire séparément, dans deux casseroles d'eau bouillante salée, les petits pois et les fleurettes de brocoli pendant 10 minutes. À la fin de la cuisson, égouttez-les, puis plongez-les dans un saladier d'eau très froide ou avec des glaçons pour qu'ils restent bien verts. Égouttez.

❒ Dans une casserole mettez à bouillir 10 cl d'eau, versez-y le boulgour et laissez sur le feu en remuant de temps en temps jusqu'à ce que l'eau soit absorbée. Couvrez et laissez gonfler 5 minutes.

❒ Avec une mandoline, coupez de longues lamelles fines de concombre, puis roulez-les. Coupez l'oignon et sa tige en lamelles fines.

❒ Préparez la vinaigrette en mélangeant le jus de citron, la moutarde et l'huile d'olive. Salez, poivrez.

❒ Dans un bol évasé, mettez le boulgour, déposez les fleurettes de brocoli, puis les concombres roulés et enfin les petits pois et les oignons. Arrosez de vinaigrette au citron et parsemez de coriandre ou de persil.

ŒUF MOLLET, SAUMON, CHAMPIGNONS, ESTRAGON, MÂCHE, POMME

POUR 1 PERSONNE • PRÉPARATION : 15 MIN • CUISSON : 6 MIN

1 œuf + 1 tranche de saumon fumé + 100 g de champignons
2 brins d'estragon + 1 poignée de mâche + ½ pomme + 1 petit oignon nouveau
1 cuil. à soupe d'huile d'olive + 1 cuil. à café de jus de citron + Sel, poivre

❐ Faites cuire l'œuf 6 minutes dans l'eau bouillante. Placez-le dans un bol d'eau froide pour stopper la cuisson, puis écalez-le délicatement.

❐ Détaillez le saumon en lamelles. Lavez et épépinez la pomme, puis coupez-la en lamelles.

❐ Lavez l'oignon et coupez-le en fines rondelles. Nettoyez les champignons et émincez-les. Triez, rincez et séchez la mâche.

❐ Mélangez le jus de citron et l'huile d'olive dans un saladier, salez, poivrez et ajoutez les différents ingrédients.

CARPACCIO DE BŒUF, SALADE DE COURGETTES ET BETTERAVES

POUR 4 PERSONNES • PRÉPARATION : 20 MIN

400 g de carpaccio de bœuf + 2 petites courgettes + 2 petites betteraves cuites
2 cuil. à soupe d'huile d'olive + le jus de 1 citron + 3 brins de persil plat
1 brin de basilic + Sel, poivre

❒ Lavez les courgettes et râpez-les finement. Rincez le persil et le basilic, effeuillez-les et hachez-les. Versez dans un saladier les courgettes, le persil et le basilic hachés. Ajoutez 1 cuillerée à soupe d'huile d'olive et 2 cuillerées à soupe de jus de citron. Mélangez.

❒ Râpez finement les betteraves, assaisonnez-les avec 1 cuillerée à soupe d'huile d'olive, 2 cuillerées à soupe de jus de citron, un peu de sel et de poivre.

❒ Disposez le carpaccio de bœuf sur 4 assiettes. Parsemez-le de courgettes et de betteraves râpées. Servez très frais avec des gressins.

TABOULÉ DE QUINOA AUX POIS CHICHES

POUR 4 PERSONNES • PRÉPARATION : 15 MIN • CUISSON : 15 MIN

200 g de quinoa + 50 g de pois chiches en conserve + 1 bouquet de menthe
1 petite grenade + 1 petite courgette + 2 oignons nouveaux
2 cuil. à soupe d'huile d'olive + le jus de 1 citron + Sel, poivre

❐ Faites cuire le quinoa pendant 15 minutes dans de l'eau bouillante salée, puis égouttez et réservez.

❐ Lavez et ciselez finement la menthe. Égouttez les pois chiches. Ouvrez la grenade et ôtez les graines. Lavez la courgette et coupez-la en brunoise. Lavez les oignons nouveaux et tranchez-les finement.

❐ Dans un saladier, mélangez le quinoa, les dés de courgette et les pois chiches avec la menthe, puis ajoutez les oignons et les graines de grenade. Arrosez du jus de citron et d'huile d'olive, puis salez et poivrez.

SALADE DE PÂTES DE RIZ, CREVETTES ET CAROTTE

POUR 4 PERSONNES • PRÉPARATION : 30 MIN • CUISSON : 7 MIN

200 g de penne de riz + 1 carotte + 1 endive rouge + 600 g de crevettes cuites
5 tiges de coriandre + 1 cuil. à soupe d'huile de sésame
1 cuil. à soupe d'huile d'olive + 1 pincée de curcuma
1 pincée de noix de muscade + le jus de 1 citron + Sel, poivre

❒ Faites cuire les penne de riz pendant 7 minutes à l'eau bouillante salée. Passez-les sous l'eau froide, puis égouttez-les. Versez dans un saladier, ajoutez l'huile de sésame et mélangez.

❒ Pelez et râpez très finement la carotte. Rincez l'endive rouge, émincez-la finement. Décortiquez les crevettes, épongez-les dans du papier absorbant. Rincez la coriandre, effeuillez-la et hachez-la.

❒ Ajoutez dans le saladier l'endive émincée et la carotte râpée, la coriandre et les crevettes. Mélangez dans un petit bol l'huile d'olive, 4 cuillerées à soupe de jus de citron, du sel, du poivre, le curcuma et la muscade. Versez dans le saladier, mélangez et servez aussitôt.

SALADE DE LENTILLES ET COURGETTES AU CITRON

POUR 4 PERSONNES • PRÉPARATION : 15 MIN • CUISSON : 20 MIN

300 g de lentilles + 2 courgettes + 2 citrons verts + 1 bouquet de coriandre
1 oignon rouge + 1 feuille de laurier + 1 branche de thym
1 cube de bouillon de légumes + 2 cuil. à soupe d'huile d'olive + Sel, poivre

❐ Rincez les lentilles puis égouttez-les. Dans une casserole, portez à ébullition 90 cl d'eau, ajoutez la feuille de laurier, la branche de thym et le bouillon, puis versez les lentilles et faites cuire à couvert pendant 20 minutes.

❐ Pendant ce temps, lavez puis coupez les courgettes en petits dés, et épluchez et tranchez l'oignon en fines lamelles. Pressez les citrons. Lavez et ciselez la coriandre.

❐ Dans une poêle sans matière grasse, faites dorer les dés de courgettes et les lamelles d'oignon.

❐ Dans un saladier, mettez les lentilles refroidies, ajoutez les dés de courgettes, les lamelles d'oignon et assaisonnez avec le jus de citron et l'huile d'olive. Parsemez de coriandre, salez et poivrez.

SALADE CROQUANTE

POUR 4 PERSONNES • PRÉPARATION : 15 MIN

½ chou rouge + 1 betterave crue + 2 carottes violettes
2 oignons nouveaux + Quelques radis + Vinaigre de cidre
1 filet d'huile d'olive + Sel, poivre

❒ Enlevez les premières feuilles du chou et coupez-le en fines lamelles.

❒ Pelez les carottes violettes et coupez-les en fines lamelles.

❒ Pelez et coupez en rondelles les oignons nouveaux et les radis.

❒ Pelez la betterave et émincez-la finement à la mandoline.

❒ Mélangez les légumes dans un saladier et assaisonnez-les avec l'huile d'olive et le vinaigre, du sel et du poivre.

SALADE FRAÎCHEUR EXPRESS

POUR 6 PERSONNES • PRÉPARATION : 5 MIN • CUISSON : 8 MIN

600 g de billes de pâtes + 20 tomates cerises + 2 échalotes
20 câpres + 1 gousse d'ail + le jus de ½ citron + 6 brins de persil plat
3 cuil. à café de grains de nigelle + Sel, poivre

❒ Faites cuire les pâtes dans de l'eau bouillante salée pendant 8 minutes. Passez-les sous l'eau froide.

❒ Lavez puis coupez les tomates en quartiers. Épluchez et émincez les échalotes.

❒ Mixez la moitié des tomates avec la moitié des câpres, le jus de citron et la gousse d'ail, salez et poivrez. Ciselez le persil.

❒ Servez les pâtes avec les quartiers de tomates cerises et les échalotes. Assaisonnez avec la sauce, puis parsemez de câpres, de persil et de graines de nigelle.

Mixer des tomates avec des aromates vous permet d'assaisonner et d'avoir une salade bien onctueuse sans ajout de matière grasse.

TABOULÉ DE MAÏS, MAQUEREAU, TOMATES CERISES, CONCOMBRE, CORIANDRE

POUR 1 PERSONNE • PRÉPARATION : 10 MIN • CUISSON : 5 MIN • REPOS : 5 MIN

40 g de couscous de maïs + 1 filet de maquereau fumé + 100 g de tomates cerises
150 g de concombre + 5 brins de coriandre + 2 cuil. à soupe d'huile d'olive
le jus de ½ citron + Sel, poivre

- Versez le couscous dans un saladier et couvrez-le du même volume d'eau bouillante salée. Laissez gonfler à couvert, puis égrainez délicatement à la fourchette. Laissez refroidir.
- Lavez les tomates cerises et coupez-les en deux. Lavez le concombre et coupez-le en petits cubes. Rincez, séchez et hachez la coriandre.
- Mélangez tous les ingrédients avec le couscous, ajoutez l'huile d'olive et le jus de citron, salez et poivrez.

SALADE D'ASPERGES VERTES ET POISSON MARINÉ

POUR 4 PERSONNES • PRÉPARATION : 25 MIN • RÉFRIGÉRATION : 2 H
CUISSON : 10 MIN

400 g d'asperges vertes + 500 g de filet de cabillaud + 1 petite betterave cuite
2 cuil. à soupe d'huile d'olive + 1 brin d'aneth + 4 brins de persil plat
1 brin de menthe + le jus de 2 citrons + Sel, poivre

❒ Rincez le filet de cabillaud, épongez-le et coupez-le en petits dés. Disposez-les dans un saladier. Ajoutez du sel, du poivre et le jus de 1 citron. Couvrez et laissez mariner pendant 2 heures au frais. La chair devient blanc nacré, comme après une cuisson.

❒ Lavez les asperges, coupez-les en petits tronçons de 3 cm de long. Faites-les cuire à l'eau bouillante salée pendant 8 minutes. Passez-les sous l'eau très froide et égouttez-les. Coupez la betterave en tout petits dés.

❒ Rincez, épongez et effeuillez l'aneth, la menthe et le persil plat. Hachez les feuilles. Mélangez dans un bol l'huile d'olive, le jus de 1 citron, les herbes, du sel, du poivre.

❒ Disposez dans un plat le poisson bien égoutté, les asperges et les dés de betterave. Ajoutez la sauce avant de servir.

SALADE AUX RAVIOLES DU DAUPHINÉ

POUR 4 PERSONNES • PRÉPARATION : 5 MIN • CUISSON : 1 MIN

4 poignées de mâche + 500 g de ravioles du Dauphiné + 200 g de tomates cerises
150 g de jambon de Parme + 1 poignée de noix concassées + 1 oignon botte
2 cuil. à soupe de vinaigre de cidre + 1 filet d'huile d'olive + Sel, poivre

- Faites cuire les ravioles du Dauphiné dans une grande casserole d'eau bouillante salée le temps indiqué sur le paquet.
- Égouttez les ravioles et rafraîchissez-les légèrement sous un filet d'eau tiède.
- Lavez puis coupez les tomates cerises en deux. Émincez le jambon et l'oignon.
- Mélangez les ravioles, la mâche, les tomates, le jambon, l'oignon, les noix et le vinaigre. Arrosez d'huile d'olive, salez et poivrez.

Faites cuire les ravioles à la friteuse pour leur donner un étonnant croustillant. Attention à ne pas en abuser !

SALADE FÈVES, ARTICHAUTS, FETA

POUR 4 PERSONNES • PRÉPARATION : 10 MIN • CUISSON : 15 MIN

200 g de fèves fraîches + 150 g d'artichauts cuits au naturel + 100 g de feta
200 g de quinoa + 1 gousse d'ail + ¼ de citron confit au sel
Quelques brins de ciboulette + 1 filet d'huile d'olive + Sel, poivre

❐ Émincez les artichauts.

❐ Faites cuire le quinoa dans une grande casserole d'eau bouillante pendant 5 minutes, ajoutez les fèves et prolongez la cuisson de 10 minutes.

❐ Concassez la feta. Hachez l'ail et le citron confit. Ciselez la ciboulette.

❐ Mélangez les fèves et le quinoa avec l'artichaut, la feta, la ciboulette et le citron. Salez, poivrez et arrosez d'huile d'olive.

Privilégiez l'utilisation de feta conditionnée en saumure et non pas sous vide pour une qualité de produit optimale.

SALADE DE TOMATE CŒUR DE BŒUF ET CRESSON, ŒUF MOLLET

POUR 1 PERSONNE • PRÉPARATION : 10 MIN • CUISSON : 6 MIN

1 tomate cœur de bœuf + 1 tomate verte + 1 poignée de cresson + 1 œuf
1 cuil. à café de graines de sésame blanc + 1 cuil. à café de dukkah
1 cuil. à soupe d'huile de sésame + 1 filet de vinaigre balsamique
Fleur de sel + Sel, poivre

❒ Lavez et essuyez les tomates puis coupez-les en tranches fines. Lavez et essorez le cresson.

❒ Préparez l'assaisonnement dans un petit ramequin, en mélangeant l'huile, le vinaigre et les épices.

❒ Dans une casserole, faites bouillir de l'eau très salée, cela vous aidera à retirer la coquille plus facilement, et mettez l'œuf à cuire pour 6 minutes.

❒ Placez l'œuf sous l'eau froide pour arrêter la cuisson, puis roulez-le sur le plan de travail pour fragiliser la coquille et ensuite décoquillez-le en restant sous l'eau froide.

❒ Disposez dans une assiette les tranches de tomates et le cresson, puis déposez l'œuf, parsemez de sésame et arrosez de sauce. Salez et poivrez.

FILET MIGNON À LA SAUGE, CAROTTES ET COURGETTES VICHY

POUR 4 PERSONNES • PRÉPARATION : 20 MIN • CUISSON : 40 MIN

600 g de filet mignon + 2 carottes + 2 courgettes + 1 oignon + 15 g de beurre
1 cuil. à soupe d'huile d'olive + 20 cl d'eau de Vichy + 4 feuilles de sauge
2 branches de thym + 1 feuille de laurier + 10 brins de persil plat + Sel, poivre

❒ Pelez et lavez les carottes, rincez les courgettes. Coupez-les en rondelles. Versez dans une petite casserole. Ajoutez du sel, très peu de poivre, 1 branche de thym, le beurre et l'eau de Vichy. Couvrez et laissez mijoter à feu doux pendant 20 minutes : tout le liquide doit être absorbé. Réservez au chaud.

❒ Pelez l'oignon, coupez-le en quatre. Faites chauffer à feu moyen l'huile d'olive dans une petite cocotte. Ajoutez le filet mignon et les morceaux d'oignon. Faites dorer légèrement sur toutes les faces. Ajoutez la sauge, le laurier, 1 branche de thym, du sel et très peu de poivre. Couvrez et laissez cuire à feu très doux pendant 20 minutes. Si la viande vous paraît sèche, ajoutez quelques cuillerées d'eau en cours de cuisson.

❒ Rincez le persil, éliminez les tiges et hachez les feuilles. Retirez l'oignon et découpez la viande en fines tranches. Servez avec les légumes, décorés de persil.

MAGRET DE CANARD

POUR 6 PERSONNES • PRÉPARATION : 20 MIN • CUISSON : 40 MIN

Pour la viande : 3 magrets de canard + 5 cuil. à soupe de vinaigre balsamique
3 cuil. à soupe de miel + 1 échalote + 1 branche de thym + Sel, poivre
Pour la purée : 6 pommes de terre + 5 branches de céleri
50 g de fromage blanc à 0 % de MG + Sel, poivre

❒ Préchauffez le four à 180 °C (th. 6).

❒ Épluchez et émincez l'échalote, mélangez-la au vinaigre, au sel, au miel et au poivre. Ajoutez le thym ciselé.

❒ Retirez la peau des magrets, puis disposez-les dans un plat à four. Badigeonnez-les du mélange. Enfournez pour 20 minutes.

❒ Épluchez et coupez en morceaux les pommes de terre. Faites-les cuire 20 minutes dans de l'eau bouillante salée, puis écrasez-les en purée. Pendant la cuisson des pommes de terre, faites cuire le céleri émincé dans de l'eau bouillante salée pendant 20 minutes, puis mixez-le. Ajoutez le fromage blanc et mélangez à la purée de pommes de terre. Poivrez.

❒ Coupez des tranches de magret et servez avec la purée.

ROULÉS DE VEAU

POUR 4 PERSONNES • PRÉPARATION : 20 MIN • CUISSON : 20 MIN

4 escalopes de veau + 2 courgettes + 1 aubergine + 1 bouquet de basilic
1 gousse d'ail + 2 cuil. à soupe de chapelure

- Lavez le basilic. Réservez-en 4 feuilles et mixez le reste avec la gousse d'ail pelée et dégermée et la chapelure.
- Préchauffez le four à 180 °C (th. 6).
- Attendrissez les escalopes de veau en tapant dessus à l'aide d'un rouleau à pâtisserie, puis badigeonnez-les du mélange au basilic.
- Lavez les courgettes et l'aubergine. Avec un économe, réalisez de fines lamelles de légumes.
- Disposez des légumes sur les escalopes et ajoutez 1 feuille de basilic. Roulez chaque escalope et enveloppez-la, bien serrée, dans du film alimentaire.
- Faites cuire les roulés de veau à la vapeur pendant 20 minutes.

DINDE TANDOORI

POUR 4 PERSONNES • PRÉPARATION : 10 MIN • CUISSON : 25 MIN

4 filets de dinde + 1 yaourt à 0 % de MG + 2 citrons verts
2 cuil. à café d'épices tandoori + 5 brins de menthe

❒ Préchauffez le four à 180 °C (th. 6).

❒ Coupez les escalopes de dinde en lamelles.

❒ Prélevez le zeste des citrons verts, puis pressez les fruits.

❒ Mélangez le yaourt avec le jus et le zeste de citron. Ajoutez les épices.

❒ Disposez les filets de dinde dans un plat allant au four et badigeonnez-les de sauce. Enfournez pour 25 minutes.

❒ Lavez, séchez et ciselez finement la menthe.

❒ Parsemez de menthe les filets de dinde juste avant de servir avec du riz ou des légumes cuits à la vapeur.

Remplacer la crème fraîche par le yaourt à 0 % rend les sauces plus légères, mais tout aussi gourmandes ! Dans cette recette, vous pouvez remplacer la menthe par de la coriandre.

MIJOTÉ DE BOULETTES DE BŒUF AU CUMIN

POUR 4 PERSONNES • PRÉPARATION : 10 MIN • CUISSON : 15 MIN

500 g de viande hachée de bœuf + 300 g de riz basmati
40 cl de sauce tomate arrabbiata + 1 gros poivron rouge + 1 oignon jaune
2 gousses d'ail + 1 cuil. à café de cumin en poudre + ¼ de botte de persil
2 filets d'huile d'olive + Sel

❐ Faites cuire le riz dans une grande casserole d'eau salée le temps indiqué sur le paquet.

❐ Formez 20 boulettes de viande hachée entre vos mains.

❐ Épluchez l'oignon et l'ail et videz le poivron et lavez-le. Hachez l'oignon, l'ail et le poivron à l'aide d'un robot de cuisine.

❐ Faites revenir dans une grande poêle les boulettes de viande avec un 1 petit filet d'huile d'olive pendant 10 minutes. Remuez fréquemment.

❐ Faites revenir dans une autre poêle l'oignon, l'ail et le poivron avec l'huile d'olive restante et le cumin pendant 10 minutes.

❐ Versez les légumes sur les boulettes, puis arrosez de sauce arrabbiata. Ajoutez un peu d'eau si la sauce est trop épaisse. Faites mijoter quelques instants, puis servez le riz avec les boulettes et la sauce. Parsemez de persil fraîchement ciselé.

NOUILLES DE RIZ AU PORC ET COURGETTES

POUR 4 PERSONNES • PRÉPARATION : 20 MIN • CUISSON : 15 MIN

200 g de nouilles de riz + 300 g d'escalopes de porc + 2 courgettes
3 cuil. à soupe de sauce soja + 5 tiges de coriandre
2 cuil. à soupe d'huile d'olive + Sel, poivre

❒ Découpez les escalopes de porc en fines lamelles. Disposez-les dans un bol, arrosez-les de sauce soja. Couvrez de film alimentaire et laissez reposer au frais.

❒ Lavez les courgettes, râpez-les grossièrement. Rincez la coriandre et effeuillez-la.

❒ Faites sauter les lamelles de porc dans un wok avec l'huile d'olive, pendant 5 minutes, en remuant. Réservez sur une assiette. Dans le même wok, faites cuire les courgettes râpées à feu moyen pendant 8 minutes, en remuant. Remettez le porc dans le wok avec les courgettes, salez et poivrez. Réservez au chaud.

❒ Faites cuire les nouilles de riz 3 minutes à l'eau bouillante salée, puis égouttez-les. Ajoutez-les au contenu du wok, mélangez délicatement et servez avec quelques feuilles de coriandre.

POULET RÔTI AUX CŒURS DE FENOUIL

POUR 4 PERSONNES • PRÉPARATION : 20 MIN • CUISSON : 25 MIN

8 pilons de poulet + 4 bulbes de fenouil + 200 g de riz basmati
1 brin de romarin + 1 branche de thym + ½ citron
1 pincée de graines de coriandre + 2 cuil. à soupe d'huile d'olive + Sel, poivre

❒ Retirez la peau des pilons de poulet. Préchauffez le four à 180 °C (th. 6). Lavez les fenouils, éliminez la partie fibreuse pour ne garder que le cœur tendre. Découpez les cœurs de fenouil en fines tranches dans le sens de la hauteur.

❒ Disposez dans un plat allant au four les pilons de poulet, le fenouil émincé, le romarin et le thym effeuillés, les graines de coriandre, du sel et du poivre. Ajoutez l'huile d'olive, un peu de jus de citron et 3 cuillerées à soupe d'eau. Faites cuire 25 minutes au four.

❒ Faites cuire le riz basmati dans une fois et demie son volume d'eau salée. Servez le poulet accompagné des fenouils et du riz.

WOK AU BŒUF

POUR 1 PERSONNE • PRÉPARATION : 10 MIN • CUISSON : 10 MIN

1 bavette + 1 courgette + 1 carotte + 1 cuil. à soupe de noix de cajou
1 cuil. à soupe de cranberries + 1 cuil. à café de sauce nuoc-mâm
1 cuil. à café de sauce soja

❒ Taillez la bavette en lamelles. Lavez et coupez la courgette en bâtonnets, pelez la carotte et taillez-la également en fins bâtonnets.

❒ Dans un wok, faites dorer les légumes pendant 5 minutes, en remuant régulièrement. Ajoutez la viande, puis la sauce soja et la sauce nuoc-mâm et faites cuire encore 5 minutes.

❒ Servez avec les noix de cajou hachées et les cranberries.

ESCALOPES DE VEAU ÉPINARDS-CHAMPIGNONS

POUR 4 PERSONNES • PRÉPARATION : 8 MIN • CUISSON : 10 MIN

4 escalopes de veau + 600 g de champignons de Paris + 400 g de pousses d'épinards
2 gousses d'ail + ¼ de botte de persil + 2 filets d'huile d'olive + Sel, poivre

❒ Équeutez, lavez et coupez grossièrement les champignons et les épinards. Épluchez et hachez l'ail et le persil.

❒ Faites revenir dans une poêle à feu vif les champignons, les épinards, l'ail et le persil avec 1 filet d'huile d'olive pendant 7 minutes.

❒ Faites revenir les escalopes de veau 3 minutes sur chaque face avec l'huile d'olive restante, du sel et du poivre. Ajoutez un peu d'eau en fin de cuisson pour obtenir un petit jus.

❒ Servez les escalopes de veau avec le mélange épinards-champignons, puis arrosez avec le jus.

Réalisez cette recette en utilisant des champignons shiitakés, votre plat gagnera en subtilité.

TAJINE DE POULET

POUR 4 PERSONNES • PRÉPARATION : 20 MIN • CUISSON : 1 H 10

4 cuisses de poulet + 4 tomates + 1 oignon + 10 abricots secs
15 pruneaux + 1 cuil. à soupe de ras el-hanout + Sel, poivre

❐ Retirez la peau des cuisses de poulet. Lavez puis coupez les tomates en morceaux. Pelez et émincez l'oignon. Coupez en deux les abricots et les pruneaux.

❐ Faites dorer dans une cocotte antiadhésive les morceaux de poulet à feu vif 3 minutes de chaque côté. Baissez le feu, puis ajoutez les oignons et laissez-les blondir 5 minutes en remuant avec une cuillère en bois. Si cela accroche ou brunit trop, ajoutez 2 cuillerées à soupe d'eau dans la cocotte. Ajoutez le ras el-hanout, les tomates, 30 cl d'eau, salez et poivrez, et laissez cuire 50 minutes à feu très doux.

❐ Ajoutez les fruits secs et laissez cuire encore 10 minutes.

Vous pouvez accompagner ce tajine de la traditionnelle semoule ou bien de quinoa.

HACHIS PARMENTIER

POUR 6 PERSONNES • PRÉPARATION : 10 MIN • CUISSON : 50 MIN

Pour la purée : 500 g de pommes de terre + 200 g de fromage blanc à 0 % de MG
1 cuil. à café de muscade + Sel, poivre
Pour la viande : 250 g de bœuf haché + 1 oignon + 1 botte de persil
1 cuil. à soupe de moutarde à l'ancienne

❒ Épluchez les pommes de terre. Faites-les cuire dans de l'eau bouillante salée pendant 20 minutes.

❒ Écrasez les pommes de terre à l'aide d'un presse-purée. Ajoutez le fromage blanc et la muscade. Salez, poivrez.

❒ Préchauffez le four à 180 °C (th. 6).

❒ Émincez l'oignon. Ciselez le persil. Dans une poêle, à feu vif, faites revenir l'oignon sans ajout de matière grasse, ajoutez la viande hachée et laissez cuire pendant 15 minutes à feu doux. Ajoutez le persil.

❒ Mélangez la purée, la viande et la moutarde, et disposez le tout dans un plat à gratin. Enfournez pour 30 minutes.

PAPILLOTE DE PORC

POUR 4 PERSONNES • PRÉPARATION : 20 MIN • CUISSON : 45 MIN

1 filet mignon de porc + 2 carottes + 2 panais + 1 orange + 1 citron
1 pamplemousse + 10 feuilles d'estragon

❒ Épluchez les carottes et les panais, et coupez-les en quatre dans le sens de la longueur.

❒ Préchauffez le four à 180 °C (th. 6).

❒ Récupérez le zeste des agrumes et pressez-les.

❒ Disposez dans un plat à four une feuille de papier sulfurisé, puis déposez-y le porc et les légumes. Badigeonnez le tout de jus d'agrumes et parsemez de zeste. Ajoutez les feuilles d'estragon. Refermez le papier sulfurisé en papillote.

❒ Enfournez pour 45 minutes.

FILET DE DINDE PANÉ AUX NOISETTES, CHOU ROMANESCO

POUR 4 PERSONNES • PRÉPARATION : 30 MIN • CUISSON : 25 MIN

1 chou romanesco + 4 escalopes de dinde + 1 œuf + 50 g de noisettes hachées
2 cuil. à soupe de son de blé + 2 cuil. à soupe d'huile de colza
2 cuil. à soupe d'huile d'olive + le jus de 1 citron + 1 pincée de paprika
2 brins de basilic + 1 gousse d'ail + Sel, poivre

❐ Rincez le chou romanesco, découpez-le en fleurettes. Faites-le cuire 15 minutes à la vapeur, réservez au chaud. Pelez et hachez l'ail. Rincez et hachez les feuilles de basilic. Mélangez dans un bol l'huile d'olive, 3 cuillerées à soupe de jus de citron, l'ail et le basilic hachés, du sel et du poivre.

❐ Mélangez les noisettes hachées, le son, du sel, du poivre et le paprika. Battez l'œuf dans une assiette. Passez chaque escalope dans l'œuf battu, puis dans la panure de noisettes. Faites-les dorer dans une poêle avec un peu d'huile de colza, à feu moyen, 4 minutes sur chaque face. Posez-les sur du papier absorbant après cuisson pour éliminer l'excès d'huile.

❐ Servez les escalopes avec le chou romanesco assaisonné de sauce au basilic.

CUISSES DE LAPIN AU ROMARIN, CAROTTES CARAMÉLISÉES

POUR 4 PERSONNES • PRÉPARATION : 25 MIN • CUISSON : 25 MIN

4 cuisses de lapin (ou râbles) + 4 brins de romarin + 800 g de carottes
1 petit navet + 1 oignon violet + 30 g de sucre roux
2 cuil. à soupe d'huile d'olive + 1 pincée de muscade + Sel, poivre

❒ Pelez et lavez les carottes et le navet et coupez-les en dés. Épluchez l'oignon et coupez-le en quatre.

❒ Préchauffez le four à 180 °C (th. 6). Graissez un grand plat (ou une plaque à pâtisserie) avec 1 cuillerée à soupe d'huile d'olive. Disposez les cuisses de lapin dans le plat, ajoutez un petit brin de romarin sur chaque cuisse. Répartissez les dés de carottes et de navet, les morceaux d'oignon, du sel, du poivre et la muscade. Versez 1 cuillerée à soupe d'huile d'olive, 3 cuillerées à soupe d'eau et le sucre roux sur les légumes.

❒ Faites cuire 25 minutes au four, en couvrant d'une feuille de papier d'aluminium si les légumes se colorent trop vite. Retirez les morceaux d'oignon et servez chaud.

COURGETTES FARCIES AU PORC ET AU RIZ

POUR 4 PERSONNES • PRÉPARATION : 35 MIN • CUISSON : 40 MIN

300 g de filet de porc haché + 60 g de riz basmati + 8 petites courgettes rondes
2 cuil. à soupe d'huile d'olive + 5 brins de persil + 4 feuilles de menthe
1 branche de thym + 1 petite pincée de muscade
1 petite pincée de cannelle + Sel, poivre

❐ Faites cuire le riz dans une fois et demie son volume d'eau salée pendant 11 minutes. Égouttez. Hachez finement la viande de porc.

❐ Lavez les courgettes, évidez-les délicatement avec une petite cuillère. Découpez la chair en petits dés. Rincez le persil et la menthe, hachez-les finement.

❐ Mélangez le porc, le riz, la chair des courgettes et les herbes. Assaisonnez avec du sel, très peu de poivre, la muscade et la cannelle. Remplissez les courgettes de ce mélange. Rangez-les dans une cocotte. Ajoutez ½ verre d'eau, l'huile d'olive et le thym. Couvrez et laissez mijoter pendant 25 minutes à feu doux.

PURÉE DE CHÂTAIGNES ET POTIRON, FILET MIGNON À LA MOUTARDE

POUR 1 PERSONNE • PRÉPARATION : 15 MIN • CUISSON : 20 MIN

160 g de potiron + 80 g de châtaignes cuites + 3 petites tranches de filet mignon
1 cuil. à café de moutarde à l'ancienne + 1 brin de persil
1 pincée de quatre-épices + 1 cuil. à soupe d'huile d'olive + Sel, poivre

❒ Lavez, pelez et coupez le potiron en morceaux. Faites-les cuire à la vapeur pendant 20 minutes, puis mixez-les avec les châtaignes, un peu de sel et le quatre-épices.

❒ Coupez le filet mignon en 3 petites tranches, faites-les cuire dans une poêle avec un peu d'huile d'olive, 5 minutes de chaque côté.

❒ Salez, poivrez, ajoutez la moutarde et 2 cuillerées à soupe d'eau, mélangez et servez avec la purée. Parsemez de persil haché.

POULET OLIVES ET CÉLERI

POUR 4 PERSONNES • PRÉPARATION : 8 MIN • CUISSON : 10 MIN

3 gros blancs de poulet + 100 g d'olives vertes + 400 g de céleri-branche
200 g de semoule + 1 citron + 2 cuil. à soupe rases d'herbes de Provence
1 filet d'huile d'olive + Sel, poivre

- Versez sur la semoule le volume équivalent d'eau bouillante salée et couvrez.
- Lavez puis coupez le céleri en morceaux. Faites revenir le céleri à la poêle pendant 5 minutes dans l'huile d'olive avec du sel et du poivre. Ajoutez un peu d'eau si le céleri colore.
- Taillez le poulet en morceaux. Émincez finement le citron.
- Ajoutez le poulet, les olives, le citron et les herbes de Provence dans la poêle et prolongez la cuisson de 5 minutes.
- Servez le poulet accompagné de la semoule.

Une fois que la semoule est cuite, égrainez-la à la fourchette ou en la frottant entre vos mains.

AIGUILLETTES DE POULET ET ENDIVES AU CUMIN

POUR 4 PERSONNES • PRÉPARATION : 10MIN • CUISSON : 35 MIN

450 g d'aiguillettes de poulet + 4 endives + 180 g de riz basmati
le jus de 1 citron + 4 cuil. à café de miel liquide + 1 cuil. à soupe d'huile d'olive
1 branche de thym + 1 pincée de graines de cumin + Sel, poivre

❒ Faites cuire le riz dans une fois et demie son volume d'eau salée pendant 11 minutes, égouttez-le et gardez au chaud. Rincez les endives, émincez-les finement dans la longueur, en éliminant la base, souvent amère. Arrosez-les de jus de citron.

❒ Huilez légèrement une cocotte. Ajoutez le poulet quand la cocotte est bien chaude. Faites dorer à feu vif pendant 5 minutes en remuant, puis ajoutez les endives. Salez, poivrez, ajoutez le thym, le cumin et le miel.

❒ Couvrez et laissez mijoter à feu doux pendant 15 minutes. Ajoutez un peu d'eau en cours de cuisson si besoin. Servez bien chaud, avec le riz.

PAPILLOTE DE LAPIN

POUR 4 PERSONNES • PRÉPARATION : 20 MIN • CUISSON : 45 MIN

4 cuisses de lapin + 2 courgettes + 20 pruneaux + 1 gousse d'ail
4 cuil. à soupe de moutarde

❒ Préchauffez le four à 180 °C (th. 6).

❒ Lavez les courgettes, puis coupez-les en cubes en conservant la peau. Épluchez la gousse d'ail et hachez-la finement. Coupez les pruneaux en deux.

❒ Disposez dans un plat à four une feuille de papier sulfurisé. Placez-y les cuisses de lapin, badigeonnez-les de moutarde, puis ajoutez les courgettes, l'ail et les pruneaux.

❒ Refermez la papillote et enfournez pour 45 minutes.

POULET ET PATATE DOUCE À LA CARDAMOME

POUR 4 PERSONNES • PRÉPARATION : 20 MIN • CUISSON : 45 MIN

4 cuisses de poulet + 1 belle patate douce + 4 cuil. à soupe de lait de coco
10 brins de coriandre + 1 branche de thym
3 capsules de cardamome + Sel, poivre

❒ Pelez et lavez la patate douce. Coupez-la en dés. Rincez la coriandre. Ôtez la peau des cuisses de poulet.

❒ Préchauffez le four à 180 °C (th. 6). Disposez dans une cocotte allant au four les cuisses de poulet et la patate douce. Ajoutez le thym, les brins de coriandre, la cardamome, du sel, très peu de poivre, le lait de coco et 1 verre d'eau. Couvrez et placez la cocotte dans le four. Laissez cuire 45 minutes. Servez chaud après avoir retiré les brins de coriandre.

CURRY DE BŒUF MINUTE

POUR 4 PERSONNES • PRÉPARATION : 7 MIN • CUISSON : 9 MIN

500 g de filet de bœuf + 60 g de pâte de curry
30 cl de lait de coco + 1 oignon blanc + 2 courgettes + ½ botte de coriandre
1 filet d'huile d'olive + Sel

❒ Épluchez et émincez finement l'oignon. Lavez les courgettes puis taillez-les ainsi que le bœuf en gros morceaux.

❒ Faites revenir la courgette et l'oignon avec l'huile d'olive et du sel pendant 4 minutes. Ajoutez le bœuf et prolongez la cuisson de 2 minutes. Versez la pâte de curry et le lait de coco.

❒ Faites mijoter 3 minutes et parsemez de coriandre fraîchement ciselée.

Vous pouvez servir ce plat avec un peu de riz gluant. Utilisez la couleur de pâte de curry de votre choix, faites juste bien attention à la force du piquant.

POTÉE LÉGÈRE AUX LÉGUMES ANCIENS

POUR 4 PERSONNES • PRÉPARATION : 25 MIN • CUISSON : 50 MIN

700 g de filet de porc salé + 1 petit chou vert + 2 navets + 1 topinambour
1 chou-rave + 1 panais + 1 oignon + 1 branche de thym + 1 brin de laurier
1 pincée de carvi + Sel, poivre

❒ Portez à ébullition dans une cocotte 2 litres d'eau légèrement salée et poivrée. Ajoutez le thym, le laurier, le carvi, l'oignon pelé et le filet de porc. Laissez mijoter à feu doux pendant la préparation des légumes.

❒ Lavez le chou, éliminez les feuilles trop dures pour ne garder que le cœur. Coupez-le en quatre. Pelez et lavez les navets, le topinambour, le chou-rave et le panais. Coupez-les en gros morceaux. Mettez-les dans la cocotte. Couvrez et laissez mijoter 35 minutes. Coupez la viande en tranches, servez avec les légumes égouttés.

CÔTELETTES D'AGNEAU ET LÉGUMES VERTS

POUR 4 PERSONNES • PRÉPARATION : 8 MIN • CUISSON : 20 MIN

12 côtelettes d'agneau + 300 g de petits pois + 1 courgette + 1 oignon jaune
2 gousses d'ail + 1 filet d'huile d'olive + Sel, poivre

❒ Faites cuire les côtelettes d'agneau 3 minutes de chaque côté dans une poêle avec l'huile d'olive, du sel et du poivre.

❒ Épluchez et émincez l'oignon et l'ail. Lavez puis coupez la courgette en petits morceaux. Lavez les petits pois.

❒ Retirez l'agneau, ajoutez l'oignon et l'ail dans la poêle et faites cuire 4 minutes.

❒ Ajoutez les courgettes et les petits pois et prolongez la cuisson de 5 minutes.

❒ Servez les côtelettes d'agneau avec les légumes verts.

Frottez les côtelettes d'agneau avec du gros sel et des herbes de Provence avant cuisson pour les imprégner du goût.

POULET CUIT DANS UN BOUILLON

POUR 4 PERSONNES • PRÉPARATION : 20 MIN • CUISSON : 20-30 MIN

4 filets de poulet + 1 branche de céleri + 2 courgettes + 3 patates douces
1 gousse d'ail + 1 oignon + 5 brins de persil + Sel, poivre

❒ Pelez l'ail et l'oignon. Lavez puis coupez le céleri et les courgettes en rondelles. Épluchez les patates douces et coupez-les en cubes.

❒ Disposez les filets de poulet dans une grande casserole avec les légumes. Salez et poivrez. Couvrez d'eau et ajoutez l'ail et l'oignon.

❒ Portez à ébullition, puis baissez le feu et laissez mijoter 15 minutes.

❒ Parsemez de persil ciselé au moment de servir le poulet, les légumes et le bouillon dans des assiettes creuses.

CHILI CON CARNE EXPRESS

POUR 4 PERSONNES • PRÉPARATION : 15 MIN • CUISSON : 25 MIN

600 g de haricots rouges en bocal + 150 g de riz complet
300 g de steak haché à 5 % de MG + 1 poivron rouge + 1 oignon
1 boîte de tomates pelées (800 g) + 2 cuil. à soupe d'huile d'olive
2 cuil. à café d'épices mexicaines + Persil (facultatif) + Sel, poivre

❒ Faites cuire le riz complet pendant 20 minutes à l'eau bouillante salée. Égouttez et réservez au chaud.

❒ Pelez, rincez et hachez l'oignon. Rincez le poivron, éliminez les graines et émincez-le finement. Rincez et égouttez les haricots rouges.

❒ Faites dorer l'oignon et le poivron dans une cocotte avec l'huile d'olive. Ajoutez le steak haché, laissez dorer 5 minutes. Ajoutez les haricots rouges, les tomates pelées, les épices mexicaines, du sel et du poivre. Couvrez et laissez mijoter 15 minutes. Servez le chili accompagné du riz complet et parsemez éventuellement de persil.

DINDE AUX ÉPICES

POUR 4 PERSONNES • PRÉPARATION : 10 MIN • CUISSON : 15 MIN

4 blancs de dinde + le jus de ½ orange + 1 oignon + 2 courgettes + 2 poivrons
2 carottes + 1 yaourt grec à 0 % de MG + 20 brins de coriandre
1 morceau de gingembre (2 cm) + ½ piment d'Espelette + 1 cuil. à café de curry
½ cuil. à café de cannelle + Sel, poivre

❐ Lavez les courgettes et les poivrons, et coupez-les en lamelles. Épluchez les carottes et coupez-les en rondelles. Coupez la dinde en lamelles. Pelez le gingembre et hachez-le finement. Ciselez la coriandre.

❐ Faites dorer les morceaux de dinde dans une poêle pendant 2 minutes à feu vif. Salez, poivrez. Ajoutez le piment, le curry et le gingembre, mélangez avec une cuillère en bois. Ajoutez les légumes, le jus d'orange, 2 cuillerées à soupe d'eau, couvrez et laissez cuire 10 minutes à feu doux.

❐ Ajoutez le yaourt, laissez cuire 2 minutes et servez parsemé de coriandre ciselée.

Les épices sont un très bon moyen de donner du goût à la viande sans ajouter de gras.

NAGE DE SAINT-JACQUES AU SAFRAN

POUR 4 PERSONNES • PRÉPARATION : 15 MIN • CUISSON : 35 MIN
REPOS : 30 MIN

16 coquilles Saint-Jacques + 3 filaments de safran + 1 branche de thym
1 carotte + 1 poireau + 1 oignon + 2 échalotes + 1 gousse d'ail
1 feuille de laurier + 2 cuil. à soupe de crème fraîche légère
10 cl de vin blanc + Poivre en grains + Sel, poivre

❒ Épluchez et coupez les carottes et le poireau en rondelles puis lavez-les. Pelez et émincez l'oignon. Pelez et hachez les échalotes. Écrasez la gousse d'ail.

❒ Mettez le tout dans une casserole, ajoutez le thym, le laurier, le vin blanc, 1,5 litre d'eau et quelques grains de poivre. Laissez cuire 20 minutes à feu doux, puis laissez refroidir.

❒ Lorsque le bouillon est froid, mettez les noix de saint-jacques dedans et portez à ébullition, laissez cuire 5 minutes.

❒ Enlevez délicatement les noix et réservez-les au chaud.

❒ Ajoutez la crème légère et le safran au bouillon et faites réduire.

❒ Nappez les noix de la crème, assaisonnez si besoin et dégustez aussitôt.

WOK DE CREVETTES AU GINGEMBRE

POUR 4 PERSONNES • PRÉPARATION : 20 MIN • CUISSON : 15-20 MIN

400 g de crevettes cuites décortiquées + 1 courgette
150 g de mini carottes + 100 g de vermicelles de soja
100 g de pousses de bambou en conserve + ½ bouquet de coriandre
1 morceau de gingembre (2 cm) + 2 cuil. à soupe d'huile d'olive
3 cuil. à soupe de sauce soja + Sel, poivre

❒ Rincez les crevettes, épongez-les. Lavez la courgette, émincez-la en bâtonnets. Rincez les mini carottes, coupez-les en deux dans la longueur. Rincez et égouttez les pousses de bambou, émincez-les en fins bâtonnets. Lavez la coriandre, effeuillez-la. Pelez le gingembre, râpez-le finement.

❒ Faites tremper les vermicelles de soja dans un saladier rempli d'eau tiède. Faites chauffer à feu moyen un wok ou une poêle antiadhésive. Ajoutez l'huile d'olive, les mini carottes et la courgette émincée. Faites dorer 3 minutes en remuant.

❒ Ajoutez les crevettes cuites, le bambou, la coriandre, le gingembre, la sauce soja, un peu de sel et de poivre. Laissez cuire de 10 à 15 minutes en remuant. Ajoutez les vermicelles de soja bien égouttés. Remuez et servez aussitôt.

MAQUEREAU, RADIS NOIR, CÉLERI, TOMATE

POUR 4 PERSONNES • PRÉPARATION : 10 MIN • CUISSON : 5 MIN

4 filets de maquereau + ¼ de radis noir + 2 branches de céleri + 4 tomates + Gros sel

- ❒ Lavez les branches de céleri et les tomates. Coupez en rondelles le céleri. Coupez en dés les tomates.
- ❒ Recouvrez le fond d'une poêle de gros sel. Faites chauffer à feu vif.
- ❒ Déposez les filets de maquereau côté peau dans la poêle. Couvrez et faites cuire 5 minutes.
- ❒ Faites dorer dans une autre poêle les tomates et le céleri pendant quelques minutes à feu vif.
- ❒ Râpez finement le radis noir et parsemez-en le poisson et les légumes.

DOS DE LIEU NOIR

POUR 4 PERSONNES • PRÉPARATION : 20 MIN • CUISSON : 30 MIN

4 pavés de dos de lieu noir + 400 g de champignons + 200 g de riz
4 tomates + 1 gousse d'ail + 1 citron + ½ orange + Sel, poivre

❒ Préchauffez le four à 180 °C (th. 6).

❒ Faites cuire le riz dans de l'eau bouillante salée le temps indiqué sur le paquet.

❒ Nettoyez les champignons et coupez-les en rondelles. Coupez les tomates en dés. Prélevez le zeste du citron et de l'orange. Pressez les agrumes. Pelez et pressez la gousse d'ail.

❒ Disposez le lieu noir dans un plat à four. Ajoutez les champignons, les tomates et le riz. Arrosez des jus. Salez, poivrez. Enfournez pour 20 minutes.

RISOTTO AU SAFRAN ET FILETS DE TRUITE

POUR 4 PERSONNES • PRÉPARATION : 20 MIN • CUISSON : 45 MIN

240 g de riz arborio + 4 filets de truite + 20 g de beurre + 1 oignon jaune
1 citron + 1 branche de thym + 1 feuille de laurier + 1 pincée de muscade
½ bouquet de persil + 2 dosettes de safran en poudre + Sel, poivre

❒ Pelez l'oignon, coupez-le en quatre. Portez à ébullition 75 cl d'eau salée et légèrement poivrée. Ajoutez l'oignon, le thym et le laurier. Laissez cuire 5 minutes à feu doux, couvrez et laissez infuser 15 minutes. Filtrez, gardez le bouillon. Lavez le citron, coupez-en 4 tranches.

❒ Rincez les filets de truite, épongez-les, placez-les sur 4 feuilles de papier sulfurisé. Disposez une tranche de citron et une mini-noisette de beurre sur chaque filet, salez et poivrez. Fermez les papillotes et faites cuire 15 minutes dans un cuit-vapeur.

❒ Faites dorer le riz à sec dans une cocotte pendant 5 minutes, en remuant. Ajoutez la moitié du bouillon, le safran et la muscade, salez et poivrez très légèrement. Couvrez et laissez cuire 18 minutes en ajoutant le reste du bouillon au fur et à mesure de la cuisson.

❒ Rincez le persil, effeuillez-le et hachez-le. Servez les papillotes et le riz avec un peu de persil haché.

SAUMON PANÉ

POUR 4 PERSONNES • PRÉPARATION : 20 MIN • CUISSON : 10 MIN

400 g de saumon + 200 g de chou rouge + 200 g de pousses d'épinards
20 cl de crème de soja light + 4 cuil. à soupe de chapelure + 5 cl de sauce soja
le jus de 1 citron + 5 brins de ciboulette + Sel, poivre

❒ Préchauffez le four à 180 °C (th. 6).

❒ Coupez de gros dés de saumon.

❒ Versez la sauce soja dans une coupelle et la chapelure dans une autre. Trempez les dés de saumon dans le soja, puis dans la chapelure. Placez-les dans un plat allant au four et enfournez pour 10 minutes.

❒ Lavez et hachez finement le chou rouge. Lavez les pousses d'épinards. Lavez et ciselez la ciboulette.

❒ Réalisez une sauce avec la crème de soja, le jus de citron et la ciboulette ciselée. Salez, poivrez.

❒ Servez le saumon avec le chou rouge et les pousses d'épinards, accompagnés de la sauce.

CABILLAUD À LA VAPEUR ET COULIS DE POIVRON ROUGE

POUR 4 PERSONNES • PRÉPARATION : 20 MIN • CUISSON : 30 MIN

REPOS : 15 MIN

4 pavés de cabillaud + 4 poivrons rouges + 1 oignon + 1 gousse d'ail
10 brins de ciboulette + Sel, poivre

❒ Épluchez et émincez l'oignon et l'ail. Lavez puis coupez les poivrons en morceaux après avoir retiré les graines.

❒ Faites dorer dans une poêle chaude l'oignon et l'ail, et ajoutez les poivrons. Laissez cuire à feu doux pendant 20 minutes. Laissez refroidir, puis mixez le tout. Salez, poivrez.

❒ Faites cuire le cabillaud à la vapeur pendant 10 minutes.

❒ Rincez puis ciselez la ciboulette.

❒ Servez le cabillaud sur le coulis de poivron et parsemé de ciboulette.

ESPADON GRILLÉ ET HARICOTS GREMOLATA

POUR 4 PERSONNES • PRÉPARATION : 8 MIN • CUISSON : 5 MIN

4 pavés d'espadon + 600 g de haricots blancs cuits + 1 gousse d'ail + ½ botte de persil
½ botte de menthe + 1 citron + 1 filet d'huile d'olive + Sel, poivre

❐ Faites cuire les pavés d'espadon à la poêle avec l'huile d'olive, du sel et du poivre, 2 minutes sur chaque face.

❐ Épluchez l'ail. Râpez et pressez le citron. Mixez l'ail, le persil et la menthe équeutés avec les zestes et le jus de citron. Salez et poivrez.

❐ Retirez le poisson de la poêle et versez-y les haricots blancs et la sauce. Faites chauffer et servez le poisson avec les haricots.

PAPILLOTE DE DORADE

POUR 4 PERSONNES • PRÉPARATION : 20 MIN • CUISSON : 30 MIN

1 dorade + 4 oignons nouveaux + 10 radis roses + 2 cuil. à soupe de sauce soja
1 cuil. à soupe de sauce nuoc-mâm + 10 brins de ciboulette

❒ Préchauffez le four à 180 °C (th. 6).

❒ Lavez les oignons nouveaux, les radis et la ciboulette. Éliminez la tige des oignons nouveaux et coupez ceux-ci en rondelles.

❒ Disposez la dorade sur du papier sulfurisé dans un plat à four. Badigeonnez le poisson de sauce soja et de sauce nuoc-mâm. Ajoutez les rondelles d'oignons. Coupez de fines rondelles de radis roses directement sur le poisson. Parsemez de ciboulette.

❒ Refermez la papillote et enfournez pour 30 minutes.

THON ET LÉGUMES GRILLÉS AUX CÂPRES ET OLIVES

POUR 4 PERSONNES • PRÉPARATION : 20 MIN • CUISSON : 40 MIN

120 g de riz complet + 4 petites tranches de thon + 1 aubergine + 2 tomates
1 poivron jaune + 1 poivron rouge + 2 cuil. à soupe d'huile d'olive
40 g d'olives noires + 2 cuil. à soupe de câpres + Sel, poivre

❒ Préchauffez le four à 210 °C (th. 7). Lavez les légumes, coupez-les en assez gros morceaux, éliminez les graines des poivrons. Rincez le thon et épongez-le.

❒ Disposez tous les légumes dans un plat allant au four. Ajoutez les tranches de thon par-dessus. Salez légèrement, poivrez, arrosez d'un filet d'huile. Faites cuire 20 minutes au four. Ajoutez les olives et les câpres. Poursuivez la cuisson pendant 20 minutes.

❒ Faites cuire le riz complet 20 minutes à l'eau bouillante salée, puis égouttez-le. Servez le poisson accompagné de ses légumes et d'un ramequin de riz complet.

AILE DE RAIE POCHÉE AUX FRAMBOISES

POUR 4 PERSONNES • PRÉPARATION : 10 MIN • CUISSON : 10 MIN

2 ailes de raie + 125 g de framboises + 3 cuil. à soupe de vinaigre de framboise
4 cuil. à soupe de crème de soja + le jus et les zestes de 1 citron vert
1 cube de bouillon de légumes + 1 branche de thym + Sel, poivre

❒ Faites bouillir une grande quantité d'eau, puis ajoutez le cube de bouillon et la branche de thym.

❒ Mettez les ailes de raie et faites cuire pendant 10 minutes à partir de la reprise de l'ébullition.

❒ Versez la crème de soja, le vinaigre de framboise et le jus de citron dans une casserole et faites chauffer. Salez et poivrez.

❒ Au bout de 10 minutes, sortez délicatement les ailes de raie du bouillon et servez aussitôt accompagné de la sauce, des framboises et des zestes de citron.

ROUGET AU FENOUIL

POUR 4 PERSONNES • PRÉPARATION : 8 MIN • CUISSON : 10 MIN

600 g de filets de rouget + 1 gros bulbe de fenouil + 20 olives vertes
1 citron + ½ botte de ciboulette + 1 filet d'huile d'olive + Sel, poivre

❒ Lavez puis émincez finement le fenouil.

❒ Lavez puis coupez la moitié du citron en fines lamelles.

❒ Faites revenir le fenouil avec les olives, les lamelles de citron, l'huile d'olive, du sel et du poivre pendant 5 minutes.

❒ Disposez les filets de rouget sur le fenouil, couvrez avec un couvercle et prolongez la cuisson de 5 minutes.

❒ Pressez le demi-citron sur le tout et parsemez de ciboulette fraîchement ciselée.

Ce plat s'accompagne très bien d'une salade de fenouil cru en vinaigrette.

PAPILLOTES DE CABILLAUD AUX GRAINES D'ANIS

POUR 4 PERSONNES • PRÉPARATION : 15 MIN • CUISSON : 20 MIN

4 filets de cabillaud + 1 cuil. à café de graines d'anis
4 cuil. à café d'huile d'olive + 1 orange + 4 feuilles de sauge + Sel, poivre

❒ Préchauffez le four à 180 °C (th. 6). Rincez les filets de cabillaud, épongez-les. Disposez-les sur 4 feuilles de papier sulfurisé. Lavez l'orange, coupez 4 tranches fines au centre du fruit. Rincez et épongez les feuilles de sauge.

❒ Posez sur chaque filet de poisson 1 tranche d'orange, 1 feuille de sauge, quelques graines d'anis, ajoutez 1 cuillerée à café d'huile d'olive, du sel et très peu de poivre.

❒ Fermez les papillotes et faites-les cuire 20 minutes au four. Servez avec du riz ou des pâtes de riz.

POISSON AU FOUR ET PALETS DE POLENTA

POUR 4 PERSONNES • PRÉPARATION : 20 MIN • CUISSON : 25 MIN

4 pavés de cabillaud + 125 g de polenta + 1 citron
2 cuil. à soupe d'huile d'olive + ½ cuil. à café de curcuma
4 pincées de betterave lacto-fermentée (en bocal) + Sel, poivre

❐ Préchauffez le four à 180 °C (th. 6). Portez à ébullition 1,25 litre d'eau salée. Ajoutez la polenta en remuant et laissez cuire 5 minutes toujours en remuant. Versez la polenta sur une planche, égalisez la surface et laissez refroidir. À l'aide d'un verre ou d'un emporte-pièce, découpez des palets dans la couche de polenta. Badigeonnez légèrement d'huile les deux faces de chaque palet avec un pinceau.

❐ Rincez les pavés de cabillaud, épongez-les. Badigeonnez-les d'un peu d'huile et disposez-les dans un plat allant au four. Saupoudrez de curcuma, salez et poivrez. Lavez le citron, coupez-en 4 rondelles et posez-les sur le poisson.

❐ Placez les palets de polenta tout autour. Faites cuire au four pendant 20 minutes. Servez le poisson accompagné des palets et d'une belle pincée de betterave lacto-fermentée.

BLANQUETTE DE LOTTE

POUR 4 PERSONNES • PRÉPARATION : 10 MIN • CUISSON : 14 MIN

600 g de lotte + 1 poireau + 3 carottes + 4 champignons de Paris
30 cl de crème fraîche légère + 5 cl de vin blanc + ⅓ de botte de persil
1 filet d'huile d'olive + Sel, poivre

❒ Coupez le poisson en morceaux. Épluchez et émincez le poireau et les carottes.

❒ Éliminez la partie terreuse des champignons et taillez-les en quatre.

❒ Lavez le poireau, les carottes et les champignons et faites-les revenir avec l'huile d'olive pendant 12 minutes.

❒ Ajoutez la lotte, la crème, le vin blanc, le persil, du sel, du poivre et faites mijoter 2 minutes.

La lotte est un poisson ferme, la cuisson est donc plus longue. Si vous utilisez deux poissons différents dans votre recette, mettez dans un premier temps le poisson le plus ferme.

PURÉE DE POMMES DE TERRE ET CÉLERI-RAVE, SAUMON SNACKÉ

POUR 1 PERSONNE • PRÉPARATION : 15 MIN • CUISSON : 25 MIN

100 g de pommes de terre + 100 g de céleri-rave + 1 pavé de saumon
1 brin de persil + 1 pincée de gingembre + 1 cuil. à café de sauce soja
½ cuil. à café de graines de sésame noir + Huile d'olive + Sel, poivre

❒ Pelez les pommes de terre et le céleri, rincez-les puis coupez-les en morceaux et faites-les cuire 20 minutes à la vapeur. Écrasez en purée, ajoutez un filet d'huile d'olive, du sel et du poivre.

❒ Faites cuire le pavé de saumon dans une poêle bien chaude avec un filet d'huile d'olive, 2 minutes de chaque côté, puis ajoutez la sauce soja et le gingembre, laissez cuire à feu vif 1 minute pour que la sauce caramélise légèrement.

❒ Servez avec les graines de sésame noir et le persil ciselé.

CHOUCROUTE, HADDOCK ET PATATE DOUCE

POUR 1 PERSONNE • PRÉPARATION : 10 MIN • CUISSON : 10 MIN

20 g de choucroute cuite + 150 g de haddock
100 g de patate douce + 3 brins de persil + Poivre

❐ Pelez la patate douce, coupez-la en morceaux et faites-les cuire à la vapeur pendant 10 minutes avec les filets de haddock.

❐ Lavez et séchez le persil et ciselez-le.

❐ Réchauffez la choucroute et servez avec la patate douce, le haddock et le persil ciselé.

SAINT-JACQUES MARINÉES

POUR 4 PERSONNES • PRÉPARATION : 20 MIN • REPOS : 15 MIN
RÉFRIGÉRATION : 1 H • CUISSON : 20 MIN

8 noix de saint-jacques + 1 sachet de thé vert du Japon
1 citron vert + 3 panais + 200 g de fromage blanc à 0 % de MG
½ cuil. à café de muscade + Sel, poivre

❒ Faites bouillir de l'eau et préparez une tasse de thé. Laissez infuser, puis laissez refroidir.

❒ Pressez le citron vert. Versez le thé et le citron dans un plat et disposez-y les saint-jacques pour qu'elles marinent. Placez au frais pour 1 heure.

❒ Épluchez les panais et coupez-les en morceaux. Dans une casserole d'eau bouillante salée, faites-les cuire pendant 15 minutes.

❒ Écrasez-les à l'aide d'un presse-purée ou d'un mixeur. Ajoutez le fromage blanc et la muscade. Salez, poivrez.

❒ Poêlez les Saint-Jacques sur feu vif 2 minutes de chaque côté. Servez avec la purée de panais.

PAPILLOTE DE COLIN AUX FÈVES

POUR 4 PERSONNES • PRÉPARATION : 10 MIN • CUISSON : 8 MIN

4 filets de colin + 600 g de fèves surgelées + 12 tomates cerises
4 brins de romarin + 1 échalote + 1 citron + ½ botte de persil
1 filet d'huile d'olive + Sel, poivre

❒ Préchauffez le four à 180 °C (th. 6).

❒ Lavez puis coupez les tomates cerises en deux et la moitié du citron en rondelles.

❒ Disposez les pavés de poisson dans 4 papillotes et recouvrez-les de tranches de citron, de tomates cerises et de romarin. Salez, poivrez et enfournez pour 8 minutes.

❒ Épluchez et hachez l'échalote. Faites revenir à la poêle les fèves et les échalotes pendant 6 minutes avec l'huile d'olive, du sel et du poivre.

❒ Servez les papillotes avec les fèves. Pressez le citron sur les fèves et parsemez de persil fraîchement ciselé.

Vous pouvez réaliser cette recette sans papillote en disposant les poissons dans un plat. Dans ce cas, baissez le temps de cuisson et arrosez le poisson avec le jus de cuisson.

SAUMON BROCOLI ET QUINOA

POUR 4 PERSONNES • PRÉPARATION : 10 MIN • CUISSON : 10-15 MIN

500 g de filet de saumon + 1 brocoli + 250 g de quinoa + 10 cl de crème fraîche légère
3 branches de thym + 1 filet d'huile d'olive + Sel, poivre

❒ Faites cuire le quinoa dans une grande casserole d'eau bouillante salée comme indiqué sur le paquet.

❒ Lavez le brocoli puis coupez-le en bouquets et le saumon en cubes.

❒ Faites revenir dans une grande poêle le brocoli avec l'huile d'olive, du sel et du poivre pendant 5 minutes. Ajoutez le saumon, la crème, le thym, 5 cl d'eau, du sel et du poivre et faites mijoter 3 minutes.

❒ Servez le saumon avec le quinoa.

Il est conseillé de faire cuire le quinoa pendant 10 minutes, de couper le feu et de le laisser gonfler dans l'eau pendant 5 minutes.

POÊLÉE DE CREVETTES, PETITS POIS, PAPRIKA

POUR 4 PERSONNES • PRÉPARATION : 5 MIN • CUISSON : 10 MIN

500 g de crevettes cuites décortiquées + 300 g de petits pois
300 g de riz basmati + 1 oignon + 2 gousses d'ail
1 cuil. à soupe de paprika en poudre + 1 filet d'huile d'olive + Sel, poivre

❒ Faites cuire le riz dans une grande casserole d'eau salée le temps indiqué sur le paquet.

❒ Épluchez et émincez l'ail et l'oignon.

❒ Faites revenir les crevettes et l'oignon à la poêle dans l'huile d'olive pendant 4 minutes. Retournez-les à mi-cuisson.

❒ Ajoutez les petits pois lavés, l'ail, le paprika, du sel et du poivre, et 3 cl d'eau. Prolongez la cuisson de 3 minutes.

❒ Servez les crevettes aux petits pois avec du riz.

Moins pratique mais plus savoureux, vous pouvez utiliser des crevettes avec leur carcasse et de les faire griller 2 minutes de plus.

BAR ET LÉGUMES GRILLÉS

POUR 4 PERSONNES • PRÉPARATION : 20 MIN • CUISSON : 20 MIN

1 bar vidé et écaillé + 2 courgettes + 1 aubergine + 1 poivron jaune
1 poivron rouge + 1 oignon rouge + 1 gousse d'ail + 20 brins de persil

❒ Préchauffez le four à 190 °C (th. 6-7).

❒ Lavez les courgettes et l'aubergine, et coupez-les en petits cubes. Lavez puis coupez les poivrons en lamelles, puis en dés. Épluchez et émincez l'oignon et l'ail. Lavez puis séchez le persil.

❒ Disposez les légumes avec le poisson entier sur une plaque de cuisson recouverte de papier sulfurisé. Parsemez de persil ciselé. Enfournez pour 20 minutes.

QUEUE DE LOTTE AU SAFRAN, ÉPINARDS ET RIZ COMPLET

POUR 1 PERSONNE • PRÉPARATION : 10 MIN • CUISSON : 15 MIN

200 g de queue de lotte + 1 pincée de safran + 200 g de jeunes pousses d'épinards
60 g de riz complet + 1 gousse d'ail + le jus de ½ orange + le jus de ½ citron
1 cuil. à soupe d'huile d'olive + Sel, poivre

❐ Préchauffez le four à 180 °C (th. 6).

❐ Placez les morceaux de lotte dans un plat allant au four, salez, poivrez, ajoutez le jus d'orange et un peu de jus de citron, saupoudrez de safran et enfournez pour 15 minutes.

❐ Faites cuire le riz dans de l'eau bouillante salée pendant 10 minutes, puis égouttez-le.

❐ Dans une petite poêle, faites cuire les épinards avec l'huile d'olive et la gousse d'ail pelée et hachée.

❐ Servez les morceaux de lotte avec le riz et les épinards, poivrez.

WOK DE CABILLAUD AU CHOU-FLEUR ET BROCOLI

POUR 4 PERSONNES • PRÉPARATION : 15 MIN • CUISSON : 15 MIN

400 g de dos de cabillaud + 1 petit chou-fleur + 1 brocoli
1 oignon rouge + 2 cuil. à soupe de sauce soja + 1 cuil. à soupe d'huile de sésame
1 gousse d'ail + Sel, poivre

❒ Lavez et détaillez le chou-fleur et la tête de brocoli en fleurettes.

❒ Portez à ébullition une grande casserole d'eau salée et faites cuire les fleurettes pendant 5 minutes.

❒ Pelez et coupez l'oignon en fines lamelles. Hachez la gousse d'ail. Détaillez le cabillaud en morceaux.

❒ Faites chauffer l'huile de sésame dans un wok et faites-y revenir l'oignon, l'ail et le cabillaud pendant 10 minutes. Ajoutez les fleurettes de légumes et la sauce soja et poursuivez la cuisson pendant 5 minutes. Rectifiez l'assaisonnement et dégustez.

TAGLIATELLES AUX PÉTONCLES, CRÈME DE SOJA

POUR 4 PERSONNES • PRÉPARATION : 10 MIN • CUISSON : 10 MIN
DÉCONGÉLATION : 30 MIN

350 g de tagliatelles fraîches de riz + 450 g de pétoncles surgelés
½ bouquet de persil plat + 20 cl de crème de soja + 1 cuil. à soupe d'huile d'olive
1 pincée de baies roses + 1 verre de lait de soja + Sel, poivre

❒ Rincez les pétoncles sous l'eau fraîche, puis faites-les décongeler dans un plat contenant le lait de soja et 1 verre d'eau, pendant 30 minutes environ. Égouttez-les et épongez-les.

❒ Rincez le persil, éliminez les tiges et hachez les feuilles. Faites chauffer l'huile dans une poêle à feu moyen. Ajoutez les pétoncles, faites cuire à feu moyen en remuant, pendant 5 minutes. Salez, poivrez légèrement, ajoutez les baies roses, la crème de soja et le persil. Laissez mijoter 5 minutes, puis réservez au chaud.

❒ Plongez les tagliatelles de riz dans un grand volume d'eau bouillante salée. Laissez cuire 2 ou 3 minutes, égouttez. Versez-les dans la poêle, mélangez délicatement et servez aussitôt.

LASAGNE AU POTIRON

POUR 6 PERSONNES • PRÉPARATION : 30 MIN • CUISSON : 50 MIN

1 petit potiron + 1 courgette + 1 poivron + 1 bouquet de coriandre
1 gousse d'ail + 100 g de fromage frais à 0 % de MG + 50 cl de coulis de tomates
20 g de parmesan râpé + 1 pincée de piment d'Espelette
1 pincée de cumin en poudre ou en grains + 1 filet d'huile d'olive + Sel, poivre

❒ Préchauffez le four à 180 °C (th. 6).

❒ Lavez la courgette et le poivron et coupez-les en petits dés. Pelez et hachez la gousse d'ail. Lavez et ciselez finement la coriandre (gardez quelques feuilles pour la décoration). Pelez le potiron et tranchez-le en lamelles.

❒ Dans une poêle, faites revenir avec l'huile la courgette, le poivron, l'ail, la coriandre et les épices pendant 10 minutes, puis ajoutez le coulis de tomates, salez et poivrez, et laissez mijoter 10 minutes.

❒ Dans un plat allant au four, disposez des lamelles de potiron, recouvrez d'un peu de fromage frais, puis de quelques cuillerées à soupe de la préparation à la tomate. Recommencez pour obtenir différentes couches et terminez par une couche de potiron. Saupoudrez de parmesan râpé et enfournez pour 30 minutes.

❒ À la sortie du four, décorez avec de la coriandre et dégustez chaud.

TARTE COURGETTE-CHÈVRE

POUR 4 PERSONNES • PRÉPARATION : 10 MIN • CUISSON : 20 MIN

1 pâte brisée salée + 2 courgettes + 150 g de bûche de chèvre
50 g de tomates confites + 1 cuil. à soupe d'herbes de Provence
4 brins de ciboulette + 1 filet d'huile d'olive + Sel, poivre

❒ Préchauffez le four à 180 °C (th. 6).

❒ Lavez les courgettes puis coupez-les en rondelles ainsi que le chèvre.

❒ Étalez la pâte dans un plat, puis recouvrez-la avec les courgettes et le chèvre. Couvrez de tomates confites et parsemez d'herbes de Provence. Salez, poivrez et arrosez d'huile d'olive. Enfournez pour 20 minutes.

❒ Parsemez de ciboulette ciselée au moment de servir.

Pour plus de saveur, utilisez des herbes de Provence fraîches comme du romarin, de la marjolaine ou du laurier.

RATATOUILLE, ORGE ET LEVURE DE BIÈRE

POUR 4 PERSONNES • PRÉPARATION : 20 MIN • CUISSON : 42 MIN

1 aubergine + 2 courgettes + 2 tomates + 300 g d'orge
1 cuil. à soupe de levure de bière + 4 cuil. à soupe d'huile d'olive
1 cube de bouillon de légumes + 2 branches de thym + Sel

❒ Lavez les légumes et coupez-les en dés de même taille.

❒ Faites chauffer 2 cuillerées à soupe d'huile d'olive dans une grande casserole. Versez l'orge et faites rissoler 2 minutes. Versez 1 litre d'eau bouillante et ajoutez le cube de bouillon, puis faites cuire à couvert pendant 40 minutes.

❒ Faites chauffer dans une grande poêle le reste d'huile d'olive, puis versez les légumes et le thym. Salez et faites cuire 20 minutes.

❒ Servez dans des bols la ratatouille, l'orge et parsemez de levure de bière.

PURÉE DE PETITS POIS, HARICOTS NOIRS, ŒUFS ET TOMATES

POUR 4 PERSONNES • PRÉPARATION : 20 MIN • TREMPAGE : 1 NUIT

CUISSON : 1 H

600 g de petits pois + 200 g de haricots noirs + 2 œufs + 8 tomates + 1 échalote
1 cuil. à soupe de crème fraîche légère + ½ cuil. à café de sucre en poudre
Quelques gouttes de jus de citron + 2 brins d'estragon + 1 filet d'huile d'olive
Sel, poivre

❒ La veille, faites tremper les haricots noirs pendant 8 heures dans un grand volume d'eau au réfrigérateur. Égouttez-les et faites-les cuire 1 heure dans trois fois leur volume d'eau froide non salée. Salez en fin de cuisson.

❒ Faites cuire les petits pois 15 minutes dans une casserole d'eau salée. Égouttez, mixez avec la crème fraîche et le jus de citron, salez et poivrez.

❒ Pelez et hachez l'échalote. Lavez et concassez les tomates, versez dans une grande poêle bien chaude avec l'huile d'olive. Faites cuire 5 minutes en mélangeant avec une cuillère en bois. Salez et poivrez, ajoutez le sucre en poudre.

❒ Faites cuire les œufs dans l'eau bouillante pendant 8 minutes et passez-les sous l'eau froide avant de les écaler délicatement.

❒ Servez les différents ingrédients avec de l'estragon ciselé.

TARTE AUX TOMATES

POUR 4 PERSONNES • PRÉPARATION : 35 MIN • CUISSON : 30 MIN

150 g de farine d'épeautre + 50 g de farine de quinoa + 80 g de beurre
5 belles tomates mûres + 1 œuf + 3 cuil. à soupe de crème épaisse
2 cuil. à soupe de parmesan + 3 cuil. à soupe de moutarde forte
40 g de graines de sésame doré + 2 brins de basilic + Sel, poivre

❒ Mélangez la farine d'épeautre et de quinoa. Ajoutez le beurre coupé en petits dés, la moitié des graines de sésame et une pincée de sel. Amalgamez du bout des doigts pour obtenir un mélange sableux. Liez la pâte avec 8 cl d'eau froide, formez une boule. Réservez pendant la préparation des autres ingrédients.

❒ Préchauffez le four à 180 °C (th. 6). Lavez et découpez les tomates en rondelles. Rincez et effeuillez le basilic. Battez dans un bol l'œuf, le parmesan et la crème. Salez et poivrez.

❒ Abaissez la pâte, foncez-en un moule de 20 cm de diamètre. Piquez le fond avec une fourchette. Étalez la moutarde sur la pâte. Rangez les rondelles de tomates par-dessus, puis versez le mélange œuf-crème-parmesan. Saupoudrez du reste de graines de sésame.

❒ Faites cuire 30 minutes au four, laissez tiédir quelques instants, décorez de feuilles de basilic et servez aussitôt.

DAHL DE LENTILLES CORAIL ET RAÏTA

POUR 6 PERSONNES • PRÉPARATION : 20 MIN • CUISSON : 25 MIN

Pour le dahl : 350 g de lentilles corail + 1 morceau de gingembre (2 cm)
1 gousse d'ail + 1 oignon + 1 cuil. à café de garam masala
Pour la sauce raïta : 2 yaourts à 0 % de MG + 1 oignon + 1 concombre
10 brins de menthe + 1 citron vert + Sel, poivre

❒ Épluchez et émincez l'ail, le gingembre et l'oignon. Faites-les dorer à la poêle quelques minutes. Ajoutez les lentilles et 60 cl d'eau. Laissez mijoter 20 minutes, puis ajoutez les épices.

❒ Préparez la sauce pendant la cuisson des lentilles. Épluchez et coupez en dés le concombre. Épluchez et émincez l'oignon. Ciselez la menthe. Pressez le citron vert. Mélangez le yaourt avec le jus de citron, la menthe, l'oignon et le concombre. Salez, poivrez.

❒ Servez les lentilles avec la sauce.

CANNELLONI AUX ÉPINARDS

POUR 4 PERSONNES • PRÉPARATION : 10 MIN • CUISSON : 20-25 MIN

250 g de cannelloni + 1 kg d'épinards + 700 g de ricotta + 30 g de parmesan râpé
2 gousses d'ail + ½ cuil. à café de noix de muscade râpée + Sel, poivre

❒ Préchauffez le four à 180 °C (th. 6).

❒ Rincez puis équeutez les épinards et épluchez l'ail.

❒ Mixez les épinards, l'ail, la ricotta et la noix de muscade avec du sel et du poivre.

❒ Garnissez et recouvrez les cannelloni avec la farce. Parsemez de parmesan, salez et poivrez.

❒ Enfournez pour environ 20-25 minutes.

GALETTE ŒUFS, SON D'AVOINE ET LÉGUMES

POUR 1 PERSONNE • PRÉPARATION : 15 MIN • CUISSON : 21 MIN

2 œufs + 4 cuil. à soupe de son d'avoine sans gluten + 100 g de brocoli
100 g de potimarron + 1 oignon nouveau + 2 cuil. à soupe de crème de soja
1 pincée de curry + 1 poignée de jeunes pousses de salade + 1 cuil. à café de vinaigre balsamique + 2 cuil. à soupe d'huile d'olive + Sel, poivre

❒ Lavez puis coupez le brocoli en fleurettes et le potimarron en cubes, puis faites-les cuire 15 minutes à la vapeur.

❒ Battez les œufs en omelette, ajoutez la crème de soja, le curry, l'oignon nouveau émincé, salez et poivrez, versez le son d'avoine en pluie et mélangez. Ajoutez les légumes cuits.

❒ Dans une poêle chaude légèrement huilée, versez la pâte et faites cuire 3 minutes de chaque côté.

❒ Servez avec une salade de jeunes pousses assaisonnée d'huile d'olive et de vinaigre balsamique.

GNOCCHIS DE CITROUILLE

POUR 4 PERSONNES • PRÉPARATION : 10 MIN • CUISSON : 15 MIN

600 g de potiron ou potimarron + 150 g de farine + 2 œufs
70 g de parmesan râpé + 1 cuil. à soupe rase d'origan + 1 cuil. à café d'ail en poudre
1 poignée de roquette + 1 filet d'huile d'olive + Sel, poivre

- Épluchez le potiron, taillez-le en petits morceaux et plongez-les dans une casserole d'eau bouillante salée. Faites cuire 15 minutes avant d'égoutter.
- Mixez à l'aide d'un robot le potiron, la farine, l'origan, les œufs, 50 g de parmesan et l'ail avec du sel et du poivre.
- Façonnez de petits gnocchis avec la pâte, à l'aide de deux cuillères à soupe. Plongez les gnocchis directement dans une casserole d'eau bouillante salée.
- Faites cuire les gnocchis 10 secondes et sortez-les délicatement de l'eau à l'aide d'une cuillère.
- Servez les gnocchis accompagnés de roquette et du restant de parmesan. Salez, poivrez et arrosez d'huile d'olive.

Manipulez les gnocchis le moins possible et réchauffez-les au four au dernier moment si nécessaire.

TOMATES FARCIES À L'AUBERGINE

POUR 4 PERSONNES • PRÉPARATION : 20 MIN • CUISSON : 45 MIN

4 grosses tomates + 2 aubergines + 20 g de fromage blanc à 0 % de MG
1 gousse d'ail + 1 oignon + 2 cuil. à soupe de chapelure
1 bouquet de persil + Sel, poivre

❐ Préchauffez le four à 180 °C (th. 6).

❐ Lavez et coupez les aubergines en dés. Épluchez et hachez la gousse d'ail. Placez les aubergines et l'ail dans un plat à four, salez, poivrez et enfournez pour 20 minutes.

❐ Ouvrez le chapeau des tomates et videz l'intérieur. Ciselez le persil.

❐ Sortez les aubergines du four. Placez-les dans le bol d'un mixeur, salez, poivrez, ajoutez le fromage blanc, l'intérieur des tomates et la chapelure. Salez et poivrez. Mixez.

❐ Farcissez les tomates de cette préparation. Recouvrez-les de leur chapeau et enfournez pour 25 minutes.

❐ Servez avec du riz complet ou une salade verte.

OMELETTE DE RACINES

POUR 4 PERSONNES • PRÉPARATION : 10 MIN • CUISSON : 15 MIN

10 œufs + 4 carottes + 1 grosse pomme de terre + 1 poireau + 20 olives vertes
⅓ de botte de persil + 1 filet d'huile d'olive + Sel, poivre

❒ Épluchez les carottes, la pomme de terre et le poireau puis lavez-les. À l'aide d'un robot de cuisine, taillez finement les légumes.

❒ Versez les légumes et les olives dans une poêle antiadhésive avec 30 cl d'eau, l'huile d'olive, du sel et du poivre. Faites mijoter 15 minutes jusqu'à totale évaporation.

❒ Cassez, fouettez, assaisonnez et versez les œufs dans une autre poêle.

❒ Faites cuire l'omelette 2 minutes, versez les légumes et repliez-la. Parsemez de persil fraîchement ciselé.

Vous pouvez aussi remplacer les carottes par du panais ou la pomme de terre par de la patate douce.

LÉGUMES RÔTIS AU CHÈVRE FRAIS ET ÉPEAUTRE

POUR 1 PERSONNE • PRÉPARATION : 10 MIN • CUISSON : 30 MIN

100 g de potimarron + 1 panais + ½ betterave crue + 60 g de petit épeautre
30 g de fromage de chèvre frais + Sel, poivre

❐ Faites cuire l'épeautre dans un grand volume d'eau salée pendant 30 minutes.

❐ Préchauffez le four à 200 °C (th. 6-7).

❐ Pelez les légumes et coupez-les en petits morceaux. Disposez-les sur une plaque, huilez-les légèrement avec un pinceau, salez et poivrez, enfournez pour 10 minutes.

❐ Servez les légumes rôtis avec l'épeautre et saupoudrez de chèvre frais. Accompagnez d'une salade de jeunes pousses par exemple.

ŒUFS ET AMANDES, HARICOTS VERTS ET CHÈVRE

POUR 4 PERSONNES • PRÉPARATION : 15 MIN • CUISSON : 15 MIN

4 œufs + 2 cuil. à soupe d'amandes effilées + 500 g de haricots verts
80 g de chèvre frais + Sel, poivre

- Équeutez et lavez les haricots verts. Faites-les cuire 15 minutes dans de l'eau bouillante salée.
- Faites dorer les amandes effilées dans une poêle sans ajout de matière grasse.
- Faites chauffer de l'eau dans une casserole pour les œufs mollets. À frémissement, plongez les œufs délicatement et comptez 6 minutes. Plongez-les dans l'eau froide pour arrêter la cuisson. Écalez-les et éclatez-les délicatement.
- Répartissez les haricots verts dans des bols, ajoutez du chèvre frais émietté, parsemez d'amandes effilées grillées et déposez 1 œuf. Salez et poivrez.

TARTE MÂCHE-ROQUETTE

POUR 4 PERSONNES • PRÉPARATION : 35 MIN • CUISSON : 30 MIN

100 g de farine de blé (blanche) + 100 g de farine de riz (blanche)
60 g de beurre + 100 g de mâche + 1 poignée de roquette
3 œufs + 10 cl de crème de soja + 10 cl de lait de soja
1 cuil. à soupe de Maïzena® + Sel, poivre

❒ Mélangez la farine de blé et la farine de riz. Ajoutez une belle pincée de sel et le beurre coupé en petits dés, puis travaillez du bout des doigts pour obtenir un mélange sableux. Liez la pâte avec ½ verre d'eau froide. Formez une boule, couvrez de film alimentaire. Laissez reposer sur le plan de travail.

❒ Rincez la mâche et la roquette, essorez-les. Éliminez les radicelles des bouquets de mâche, hachez grossièrement les salades.

❒ Préchauffez le four à 180 °C (th. 6). Battez les œufs dans un bol. Ajoutez le lait et la crème de soja, la Maïzena®, du sel et du poivre.

❒ Étalez la pâte et foncez-en un moule de 20 cm de diamètre. Piquez la pâte avec une fourchette. Disposez la salade hachée, puis versez l'appareil par-dessus. Faites cuire 30 minutes au four. Dégustez tiède.

VEGGIE BURGER

POUR 4 PERSONNES • PRÉPARATION : 15 MIN • CUISSON : 10 MIN

4 muffins ronds complets + 2 pavés de tofu au curry + 1 morceau de chou blanc
4 feuilles de salade + 1 oignon violet + 4 cuil. à soupe de fromage blanc
1 cuil. à soupe d'huile d'olive + 2 gros cornichons + 10 brins de ciboulette
1 pincée de curry + Sel, poivre

❒ Rincez le chou, émincez-le très finement avec un bon couteau ou une râpe. Pelez, rincez et émincez l'oignon violet. Rincez et hachez la ciboulette. Hachez les cornichons. Rincez et essorez la salade.

❒ Coupez les pavés de tofu dans l'épaisseur. Faites-les chauffer à feu très doux pendant 6 minutes environ dans une poêle avec l'huile d'olive.

❒ Mélangez le fromage blanc, les cornichons et la ciboulette. Salez et poivrez, ajoutez le curry. Faites chauffer les muffins au grille-pain. Ouvrez-les en deux et garnissez-les de salade, de chou râpé, d'oignon, de tofu et de sauce au fromage blanc. Dégustez aussitôt.

RÖSTIS DE POMMES DE TERRE

POUR 4 PERSONNES • PRÉPARATION : 25 MIN • CUISSON : 10 MIN

7 pommes de terre + 3 oignons + 1 œuf + 200 g de fromage frais fouetté
4 poignées de salade + 50 g de noix + 3 cuil. à soupe de farine
2 cuil. à soupe d'huile d'olive + un peu pour frire
1 cuil. à soupe de vinaigre de vin + Sel, poivre

❒ Épluchez les pommes de terre et l'oignon pour les râper finement. Ajoutez la farine, l'œuf et assaisonnez avec un peu de sel et de poivre, puis mélangez bien.

❒ Portez à ébullition un peu d'huile dans une poêle et déposez 4 cuillerées à soupe de la préparation pour former 4 galettes. Faites bien dorer les galettes de chaque côté. Recommencez jusqu'à l'épuisement de la pâte.

❒ Répartissez dans les bols les röstis de pommes de terre, le fromage frais fouetté, la salade, puis parsemez de noix concassées. Assaisonnez la salade avec l'huile d'olive et le vinaigre, un peu de sel et de poivre.

NOUILLES THAÏES VÉGÉ

POUR 4 PERSONNES • PRÉPARATION : 5 MIN • CUISSON : 7 MIN

300 g de nouilles de blé instantanées + 2 carottes + 200 g de haricots plats
200 g de tofu + ⅓ de botte de basilic + 3 branches de cive
4 cuil. à soupe de sauce soja + 1 filet d'huile d'olive + Sel, poivre

❒ Épluchez et hachez les carottes. Coupez le tofu en morceaux. Équeutez puis rincez les haricots.

❒ Faites revenir les carottes, les haricots et le tofu à la poêle avec l'huile d'olive pendant 3 minutes.

❒ Ciselez le basilic et émincez la cive.

❒ Versez dans la poêle 50 cl d'eau, les nouilles, la sauce soja et faites mijoter 4 minutes.

❒ Parsemez de basilic et de cive au moment de servir.

Remplacez l'eau et les nouilles par des pâtes soba précuites.

TARTE AUBERGINE-FETA

POUR 4 PERSONNES • PRÉPARATION : 10 MIN • CUISSON : 25 MIN

1 pâte brisée salée + 2 aubergines + 50 g de feta + 100 g de tomates cerises
30 g d'olives noires + 1 oignon nouveau + 1 cuil. à soupe d'origan en poudre
2 filets d'huile d'olive + Sel, poivre

❒ Préchauffez le four à 180 °C (th. 6).

❒ Lavez puis coupez les aubergines en tranches fines et faites-les revenir à la poêle avec 1 filet d'huile d'olive pendant 5 minutes. Ajoutez un peu d'eau si les aubergines accrochent à la poêle.

❒ Épluchez et émincez l'oignon. Coupez les tomates cerises en deux.

❒ Étalez la pâte dans un plat, puis garnissez-la avec les aubergines, les tomates, la feta émiettée, les olives noires, l'oignon et l'origan. Salez, poivrez, arrosez de l'huile d'olive restante et enfournez pour 20 minutes.

Réalisez la tarte façon Tatin. Pour ce faire, à l'étape 4, disposez les ingrédients dans le plat, recouvrez-les de pâte et enfournez. La garniture cuira ainsi à l'étouffée.

BOL INDIEN

POUR 4 PERSONNES • PRÉPARATION : 20 MIN • CUISSON : 35 MIN

100 g de lentilles + 200 g de riz blanc + 400 g de pousses d'épinards
1 aubergine + 1 oignon + 1 gousse d'ail + ½ cuil. à café de pâte de curry
3 cuil. à soupe d'huile d'olive + Sel, poivre

❒ Pelez et hachez l'oignon et faites-le revenir dans une casserole avec 1 cuillerée à soupe d'huile. Ajoutez les lentilles, le curry, mélangez avec une cuillère en bois. Couvrez d'eau en dépassant les lentilles de 2 cm et laissez cuire 15 minutes.

❒ Lavez l'aubergine et coupez-la en dés. Faites-la sauter avec 1 cuillerée à soupe d'huile et l'ail haché. Salez, poivrez, baissez à feu doux et laissez cuire 20 minutes.

❒ Faites cuire le riz dans un grand volume d'eau salée.

❒ Faites cuire les épinards dans une poêle avec le reste d'huile. Salez et poivrez.

❒ Servez les différents ingrédients dans des bols, les uns à côté des autres.

CLAFOUTIS DE TOMATES CERISES

POUR 6 PERSONNES • PRÉPARATION : 10 MIN • CUISSON : 40 MIN

20 tomates cerises + 3 œufs + 20 cl de lait écrémé + 100 g de farine complète
10 g de parmesan râpé + 1 gousse d'ail + 3 tiges de basilic + Sel, poivre

❒ Préchauffez le four à 200 °C (th. 6-7).

❒ Lavez les tomates cerises et mettez-les dans le fond d'un plat allant au four. Pelez et hachez la gousse d'ail.

❒ Battez les œufs et ajoutez la farine, l'ail et le parmesan, puis versez le lait petit à petit. Mélangez bien. Salez et poivrez.

❒ Versez la préparation sur les tomates, puis mettez les feuilles de basilic. Enfournez pour 40 minutes. Dégustez tiède ou froid, décoré de quelques feuilles de basilic.

CURRY D'ÉPINARDS AUX NOIX DE CAJOU

POUR 4 PERSONNES • PRÉPARATION : 25 MIN • CUISSON : 30 MIN

800 g d'épinards en branches surgelés + 500 g de pommes de terre à chair fondante
1 oignon + 1 gousse d'ail + 80 g de noix de cajou grillées non salées
30 g de raisins secs + 1 pomme + 10 cl de lait de coco
1 cuil. à soupe d'huile de coco + 2 cuil. à café de curry + Sel, poivre

❒ Pelez, rincez et hachez l'oignon et l'ail. Pelez la pomme, coupez-la en gros dés. Pelez, lavez et coupez les pommes de terre en dés.

❒ Faites chauffer l'huile de coco dans une cocotte. Ajoutez l'oignon et l'ail. Laissez dorer 5 minutes, puis ajoutez les pommes de terre, la pomme, les raisins secs et les épinards surgelés. Salez, poivrez, ajoutez le curry et mélangez. Versez le lait de coco, couvrez et laissez cuire 20 minutes à feu doux.

❒ Ajoutez les noix de cajou, laissez chauffer 5 minutes avant de servir.

OMELETTE CHAMPIGNONS-ÉPINARDS

POUR 1 PERSONNE • PRÉPARATION : 10 MIN • CUISSON : 10 MIN

2 œufs + 100 g de champignons + 1 poignée de jeunes pousses d'épinards
½ cuil. à café de cumin en poudre + ½ gousse d'ail (facultatif)
Huile d'olive + Sel, poivre

❐ Rincez et séchez les jeunes pousses d'épinards. Nettoyez les champignons et émincez-les.

❐ Faites dorer les champignons dans une poêle avec un peu d'huile d'olive, ajoutez l'ail pelé et haché. Salez légèrement, poivrez. Ajoutez les jeunes pousses d'épinards en réservant une petite partie.

❐ Cassez les œufs dans un petit saladier, battez-les en omelette, puis ajoutez la pincée de cumin et mélangez. Versez dans la poêle, faites cuire 5 minutes, pliez en deux et servez avec les pousses d'épinards restantes.

COCO EN COPEAUX, CURRY DE LÉGUMES ET RIZ

POUR 4 PERSONNES • PRÉPARATION : 15 MIN • CUISSON : 25 MIN

100 g de noix de coco + 250 g de riz + 200 g de potimarron
200 g de petits pois + 200 g de haricots verts + 25 cl de lait de coco
1 cuil. à café de curry + Sel, poivre

❒ Faites cuire le riz au rice-cooker ou dans de l'eau bouillante salée.

❒ Lavez le potimarron, coupez-le en petits morceaux. Faites-le cuire à la vapeur 15 minutes avec les haricots verts équeutés et les petits pois.

❒ Faites fondre dans une grande cocotte la pâte de curry avec le lait de coco, ajoutez les légumes et laissez cuire 10 minutes.

❒ Servez dans des bols le riz, le curry, avec du poivre et la noix de coco coupée en petits dés.

TARTE AUX POIREAUX ET AUX AMANDES

POUR 4 PERSONNES • PRÉPARATION : 35 MIN • CUISSON : 40 MIN

100 g de farine d'épeautre + 50 g de farine de blé (blanche) + 30 g de poudre d'amandes
80 g de beurre + 4 poireaux + 4 cuil. à soupe de crème épaisse entière
50 g de comté râpé + 40 g d'amandes entières + Sel, poivre

❒ Mélangez les farines, la poudre d'amandes, 2 pincées de sel et le beurre coupé en petits dés. Travaillez du bout des doigts pour obtenir un mélange sableux, puis liez avec 6 cl d'eau froide. Formez une boule, couvrez de film alimentaire et laissez reposer à température ambiante pendant la préparation des poireaux.

❒ Éliminez l'extrémité des feuilles vertes et les radicelles des poireaux. Rincez-les sous l'eau froide, puis coupez-les en rondelles. Faites-les cuire 15 minutes à la vapeur, puis égouttez. Hachez les amandes en bâtonnets.

❒ Préchauffez le four à 180 °C (th. 6). Étalez la pâte et foncez-en un moule de 22 cm de diamètre, piquez la pâte avec une fourchette. Disposez les rondelles de poireaux. Ajoutez la crème, le comté râpé et les bâtonnets d'amandes. Salez et poivrez. Faites cuire 25 minutes au four. Dégustez tiède, avec une salade verte.

POIVRONS FARCIS AU QUINOA ET AUX COURGETTES

POUR 4 PERSONNES • PRÉPARATION : 20 MIN • CUISSON : 45 MIN

2 poivrons + 200 g de quinoa + 2 courgettes + 1 oignon + 1 gousse d'ail
1 botte de persil + 1 pincée de paprika + 1 filet d'huile d'olive + Sel, poivre

❒ Préchauffez le four à 180 °C (th. 6).

❒ Rincez le quinoa et faites-le cuire dans une casserole d'eau bouillante salée pendant 15 minutes, puis égouttez-le.

❒ Lavez les poivrons, coupez-les en deux et videz-les. Lavez les courgettes et coupez-les en dés. Pelez et hachez finement l'ail et l'oignon. Lavez et ciselez le persil.

❒ Mélangez le quinoa avec les courgettes, l'ail, l'oignon, le persil et les épices. Assaisonnez.

❒ Remplissez les poivrons avec cette farce, versez l'huile d'olive et enfournez pour 30 minutes.

INDEX

RECETTES

Dorian Nieto : p. 6 ; p. 22 ; Élisabeth et Valéry Guedes : p. 12 ; p. 20 ; p. 40 ; p. 50 ; p. 55 ; p. 58 ; p. 60 ; p. 68 ; p. 110 ; p. 126 . p. 146 ; p. 150 ; p. 180 ; p. 188 ; Émilie Laraison : p. 9 ; p. 11 ; p. 24 ; p. 28 ; p. 30 ; p. 32 ; p. 36 ; p. 39 ; p. 44 ; p. 52 ; p. 61 ; p. 62 ; p. 72 ; p. 74 ; p. 75 ; p. 82 ; p. 84 ; p. 86 ; p. 87 ; p. 94 ; p. 98 ; p. 106 ; p. 108 ; p. 114 ; p. 115 ; p. 118 ; p. 120 ; p. 123 ; p. 134, p. 135 ; p. 136 ; p. 143 ; p. 144 ; p. 153 ; p. 154 ; p. 158 ; p. 161 ; p. 164 ; p. 168 ; p. 169 ; p. 174 ; p. 178 ; p. 183 ; p. 184 ; Véronique Liégeois : p. 4 ; p. 8 ; p. 10 ; p. 14 ; p. 19 ; p. 31 ; p. 34 ; p. 42 ; p. 46 ; p. 48 ; p. 54 ; p. 56 ; p. 64 ; p. 70 ; p. 78 ; p. 80 ; p. 88 ; p. 90 ; p. 92 ; p. 96 ; p. 100 ; p. 102 ; p. 107 ; p. 112 ; p. 116 ; p. 124 ; p. 129 ; p. 130 ; p. 148 ; p. 156 ; p. 170 ; p. 172 ; p. 182 ; p. 186 ; Vincent Amiel : p. 15 ; p. 16 ; p. 18 ; p. 25 ; p. 26 ; p. 38 ; p. 43 ; p. 49 ; p. 66 ; p. 67 ; p. 76 p. 83 ; p. 95 ; p. 101 ; p. 104 ; p. 122 ; p. 128 ; p. 132 ; p. 138 ; p. 140 ; p. 142 ; p. 152 ; p. 160 ; p. 162 ; p. 166 ; p. 176 ; p. 177

PHOTOGRAPHIES ET STYLISME :

Claire Payens / Vincent Amiel : p. 15 ; p. 17, p. 18 ; p. 25 ; p. 27 ; p. 38 ; p. 43 ; p. 49 ; p. 66 ; p. 67 ; p. 77 ; p. 83 ; p. 95 ; p. 101 ; p. 105 ; p. 122 ; p. 128 ; p. 133 ; p. 139 ; p. 141 ; p. 142 ; p. 152 ; p. 160 ; p. 163 ; p. 167 ; p. 176 ; p. 177 ; Dorian Nieto : p. 7 ; p. 23 ; Élisabeth et Valéry Guedes : p. 13 ; p. 21 ; p. 41 ; p. 51 ; p. 55 ; p. 59 ; p. 60 ; p. 69 ; p. 111 ; p. 127 ; p. 147 ; p. 151 ; p. 181 ; p. 189 ; Émilie Laraison : p. 5 ; p. 8 ; p. 9 ; p. 14, p. 19 ; p. 24 ; p. 29 ; p. 30 ; p. 31 ; p. 33 ; p. 35 ; p. 37 ; p. 39 ; p. 42 ; p. 45 ; p. 47 ; p. 48 ; p. 53 ; p. 54 ; p. 57 ; p. 61 ; p. 63 ; p. 65 ; p. 71 ; p. 73 ; p. 74 ; p. 75 ; p. 79 ; p. 81 ; p. 82 ; p. 85 ; p. 86 ; p. 87 ; p. 89 ; p. 91 ; p. 93 ; p. 94 ; p. 97 ; p. 99 ; p. 100 ; p. 103 ; p. 106 ; p. 107 ; p. 109 ; p. 113 ; p. 114 ; p. 115 ; p. 117 ; p. 119 ; p. 121 ; p. 123 ; p. 125 ; p. 129 ; p. 131 ; p. 134, p. 135 ; p. 136 ; p. 143 ; p. 145 ; p. 149 ; p. 153 ; p. 155 ; p. 157 ; p. 159 ; p. 161 ; p. 165 ; p. 168 ; p. 169 ; p. 171 ; p. 173 ; p. 175 ; p. 179 ; p. 182 ; p. 183 ; p. 185 ; p. 187

Directeur éditorial : **Didier Férat**
Édition : **Claire Chevanche**
Graphisme & conception : **Julia Philipps**
Photogravure : **Nord Compo**
Fabrication : **Laurence Duboscq**

ISBN : 978-2-263-17370-7
Code éditeur : L17370
Dépôt légal : juin 2021
Imprimé en Espagne par Macrolibros.

FSC
www.fsc.org
MIXTE
Papier issu de sources responsables
FSC® C003309